全国经济专业技术资格考试辅导用书

初级经济师考试辅导用书编写组　编

让您用30%的时间　掌握80%的知识

中山大學出版社
SUN YAT-SEN UNIVERSITY PRESS
·广州·

图书在版编目（CIP）数据

初级经济师·金融专业知识与实务／初级经济师考试辅导用书编写组编.－广州：中山大学出版社，2015. 8

ISBN 978-7-306-05227-8

Ⅰ.①初…　Ⅱ.①初…　Ⅲ.①金融－资格考试－自学参考资料　Ⅳ.① F83

中国版本图书馆 CIP 数据核字（2015）第 043277 号

出 版 人：徐　劲
责任编辑：陈　芳
封面设计：张　敏
责任校对：廉　锋
责任技编：何雅涛
出版发行：中山大学出版社
电　　话：编辑部　020-84111996，84113349，84111997，84110779
　　　　　发行部　020-84111998，84111981，84111160
地　　址：广州市新港西路 135 号
邮　　编：510275　　　　　　　传　　真：020-84036565
网　　址：http://www.zsup.com.cn　　E－mail：zdcbs@mail.sysu.edu.cn
印 刷 者：虎彩印艺股份有限公司
规　　格：787 mm × 1092 mm　　1/16　　8.875 印张　　216 千字
版次印次：2015 年 8 月第 1 版　　2015 年 8 月第 1 次印刷
定　　价：18.00 元

前　言

金融学专业是以融通货币和货币资金的经济活动为研究对象，具体研究个人、机构、政府如何获取、支出、管理资金以及其他金融资产的一门学科专业。其主要研究方向是现代金融机构、金融市场和整个金融经济的运动规律。

《初级经济师·金融专业知识与实务》是一本适用于初级经济师金融专业考试的辅导用书。它的编写严格依据最新全国经济专业技术资格考试大纲和历年考试命题规律走向，有一定的权威性。本书总结了多年考试命题规律，紧扣最新考试大纲，共分为九章，第一到第四章主要介绍与金融相关的基础知识，第五到第七章阐释了金融企业的相关工作原理，第八章强调了金融风险与金融监管，最后一章则介绍了国际金融知识。

作为初级经济师考试用书，本书从考纲要求、考点透析、要点讲解等方面进行编排，全面、系统地进行阐述，力求编写出具有权威性、适用性和可操作性的辅导书，适合广大考生阅读与参考，只要考生认真阅读，就可顺利通过考试。

参加本书编写的人员有陈吟珊、苏笑玲、丘泽容、曾倩、张敏、李肖婷。

由于编者水平有限，书中难免存在错漏，恳请广大读者在使用过程中提出宝贵的意见。

目　录

第一章　货币与货币流通

本章知识体系

货币与货币流通
- 货币形态的发展演变
- 货币流通的概念和形式
- 货币需求的概念及其决定因素
- 货币供给的概念及其决定因素
- 货币均衡

第一节　货币形态的发展演变

货币起源于商品，作为商品交换过程发展的必然产物，货币形态也在商品经济的矛盾运动中不断发展演变。货币形态按货币价值与币材价值的关系，可以分为商品货币、代用货币和信用货币。

一、商品货币

商品货币是兼有货币与商品双重身份的货币。它作为货币用途时的价值与作为商品用途时的价值相等，故又称足值货币。商品货币主要有实物货币和金属货币两种形态。

实物货币是货币形态发展最原始的形态。从形式上来看，实物货币是自然界存在的某种物品或人们生产的某种物品，并且是具有普遍接受性、能体现货币价值的实物。随着商品交换的发展，实物货币就逐渐被内在价值稳定、质地均匀、便于携带的贵金属货币替代了。

金属货币是典型的足值货币。金、银作为贵金属，具有普遍可接受性、价值稳定性、价高量小、耐久性、均质性和可分性等特征，其天然属性最适合充当一般等价物。

商品货币作为足值货币具有如下基本特征：

（1）本身具有十足的内在价值。

（2）在与其他商品交换时，是以自身所包含的实际价值同一切商品相交换，是一种内在价值的等量交换。

二、代用货币

代用货币是代表实物货币在市场上流通的货币，一般指由政府或银行发行的纸币或银行券，代替金属货币加入到流通领域中。作为交易媒介，代用货币虽然在市场上流通，但其背后有充足的金银货币或等值的金银条（块）作为保证，代用货币的持有者有权随时到政府或银行将其兑换为金银货币。

代用货币不仅具有成本低廉、易于携带和运输、节省稀有金银等优点，而且还能克服金属货币在流通中所产生的“劣币驱逐良币”现象。随着代用货币的广泛使用，一部分货币在流通领域沉淀下来，足值的金属准备开始变为部分准备方式，一些银行尝试超过其金属准备发行代用货币，可仍满足不了商品生产和交换的需要，最后演变为与贵金属脱钩，与贵金属脱钩后的代用货币就演化为信用货币。

三、信用货币（表 1–1）

信用货币是以信用为保证，通过一定信用程序发行的，充当流通手段和支付手段的货币形态，是货币发展的现代形态。

表 1–1 信 用 货 币

要 点	内 容
信用货币的产生	信用货币是金属货币制崩溃的直接后果。20 世纪 30 年代，由于世界性的经济危机接踵而至，各主要经济国家先后被迫脱离金本位和银本位，所发行的纸币不能再兑换金属货币，于是产生了信用货币 信用货币是代用货币进一步发展的产物，是货币形态演进的必然结果。信用货币不代表任何金属货币，其作为商品的价值远低于其作为货币的价值。信用货币通过信用渠道发行，是一种信用凭证，完全依靠银行信用和政府信用而流通 在现代经济中，信用货币已成为主要的货币形式，其发行主体是银行，发行程序是银行信贷程序，由国家赋予无限法偿的能力，并强制流通 信用货币作为一般的交换媒介，须有两个条件：一是人们对此货币的信心，二是货币发行的立法保障，二者缺一不可
信用货币的形式	在现代经济中，信用货币存在的形式主要是流通中的现金与银行存款 ①现金指流通中的现钞，一般用于日用消费品和零星商品交易，主要流转于银行体系以外。流动性强，本身没有收益性 ②存款货币是信用货币的另一种存在形式，主要体现为单位、个人在银行账户上的活期存款。存款的流动性比现金要小些，具有收益性
信用货币的特征	①信用货币是一种价值符号，与黄金已经完全脱离。它的发行以国家在一定时期提供的商品、劳务量为保证。作为一种价值符号，信用货币是表现商品价值的尺度和索取价值对等物的手段 ②信用货币是债务货币。在现代经济中，现金和存款是银行的负债，所以信用货币实际上是银行债务的凭证，信用货币流通则是银行债务的转移

（续表 1-1）

要　点	内　容
信用货币的特征	③信用货币具有强制性。首先，表现为通过法律手段确定其为法定货币；其次，表现为银行可以通过发行货币，强制社会向其提供信用。信用货币一旦发行过多，就会迫使货币持有者通过货币贬值而失去部分价值索取权 ④信用货币具有管理货币性质。国家必须通过中央银行来控制和管理货币流通，使货币流通符合客观的流通规律，保证信用货币的正常流通。国家可以通过中央银行来控制和管理信用货币流通，把货币政策作为实现国家宏观经济目标的重要手段 目前各国银行电子计算机网络化的大力发展，最终可能导致货币形式向电子货币转变，但货币充当一般等价物的本质作用是不会改变的

第二节　货币流通的概念和形式

一、货币流通的概念

货币流通是指货币作为流通手段和支付手段形成的连续不断的运动。在现代信用货币制度下，货币流通由现金流通与存款货币流通两种形式共同构成。

二、现金流通

现金流通是以纸币和铸币作为流通手段和支付手段所进行的货币收付。在当前我国现金管理制度下，现金货币流通领域主要是与居民个人有关的货币收付和企业单位间的小额货币收支。我国人民币现金货币流通是以中国人民银行为中心，通过商业银行和其他金融机构的业务活动，经过不同渠道进入流通，并经过不同渠道回到各商业银行和其他金融机构，最后流回中国人民银行，退出流通。

人民币从中国人民银行现金发行库直接进入商业银行和其他金融机构现金业务库的过程，称为现金发行；再由商业银行和其他金融机构现金业务库通过不同渠道进入流通领域——即形成企事业等单位库存现金和居民手持现金的过程，称为现金投放；而随着企业单位和个人用现金进行各种支付，流通中现金又流回商业银行和其他金融机构的过程，称为现金归行；商业银行和其他金融机构将超过其业务库存限额的现金送缴中国人民银行发行库的过程称为现金回笼，详见图 1-1。

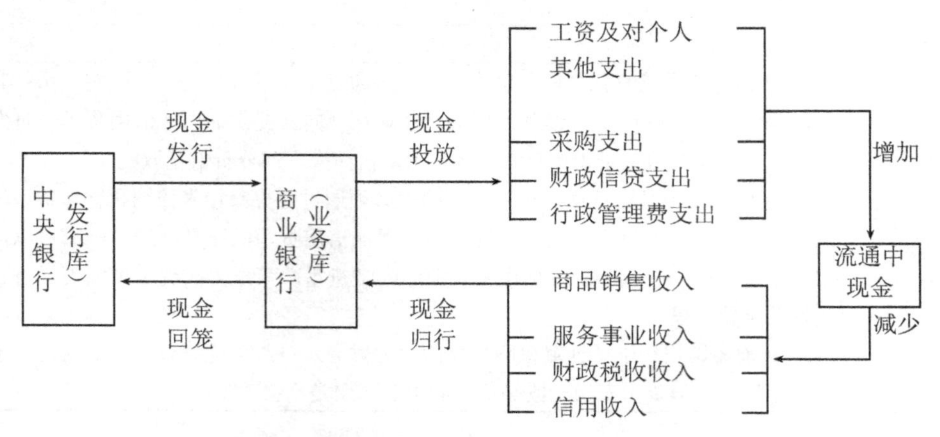

图 1-1　人民币现金流通的程序和渠道

三、存款货币流通

存款货币流通也叫非现金流通，即银行转账结算引起的货币流通，具体表现为存款人在银行开立存款账户的基础上，通过在银行存款账户上划转款项的办法所进行的货币收付行为。存款货币流通渠道可分为：

（1）商品价款收付（商品交易结算）。

（2）劳务费用收付（劳务费用结算）。

（3）货币资金拨缴的收付（财政收支结算）。

（4）信贷资金的发放和回收（银行信贷结算）。

通过转账结算进行的存款货币流通主要适用于大额商品交易或其他大额货币的收支，是当代各国货币流通的主要形式。随着科学技术的进步和信用制度的发展，存款货币流通在整个货币流通中所占的比重越来越大。

现金货币流通与存款货币流通在一定条件下相互转化，其转化结果引起两种形式的货币量——现金货币量和存款货币量此增彼减。

四、广义货币流通

狭义的货币流通是指只包括现钞和不足值的金属铸币的现金流通。

广义的货币流通是指既包括现金流通又包括存款货币流通的货币流通。在现代信用货币制度下，货币流通是现金流通与存款货币流通的有机统一。因为无论是现金货币还是存款货币，实际上都是由银行信贷提供的，银行信贷的扩张与收缩直接影响着货币供应量的增加与减少。

无论是存款货币还是现金货币的流通，一旦涉及银行信贷的投资和回笼，则必然引起包括存款货币和现金货币在内的广义货币流通总量增加或减少。银行信贷投放和回笼是存款货币和现金货币流通的总渠道。

第三节　货币需求的概念及其决定因素

在社会经济活动中，货币需求量表现为一定时期内各经济主体货币形式持有量的总和。在宏观上则表现为一国经济正常运转要达到某些经济目标的货币需求量。

一、马克思的货币需求理论

流通中必需的货币量为实现流通中待销售商品价格总额所需的货币量。

$$\frac{\text{待销售商品价格总额}}{\text{单位货币流通速度}}=\text{流通手段货币需要量}$$

该公式表示流通手段货币需求量主要受一定时期待销售商品价格总额和货币流通速度的影响。货币需要量与待销售商品价格总额成正比，与单位货币流通速度成反比。

流通中不仅需要发挥流通手段职能的货币，而且需要发挥支付手段职能的货币。在这种情况下，影响流通中货币需要量的因素发生了如下变化：一是以赊销方式出售的商品，不构成当时的货币需要量；二是到期应偿还的债务，构成了本期货币需要量；三是有些商品交易形成的债权、债务额可以相互抵消，不构成货币需要量。因此：

$$\text{一定时期内作为流通手段和支付手段的货币需要量}=\frac{\text{待销售商品价格总额}-\text{赊销商品价格总额}+\text{到期应支付的价格总额}-\text{相互抵消的价格总额}}{\text{同名货币流通次数}}$$

在金块和金汇兑本位货币制度下，实际流通的都是纸制的银行券，而不是金币。在这两种货币制度下，银行券本身不具有内在价值，它只能代表流通中所需要的货币金属价值。即：

流通中的全部银行券所代表的货币金属价值=流通中需要的货币金属价值

因此：

$$\text{单位银行券代表的货币金属价值}=\frac{\text{流通中需要的货币金属价值}}{\text{银行券流通总量}}$$

二、费雪的货币需求理论

费雪方程式：

$$MV=PT$$

在这个方程式中，费雪假设 M 为一定时期内流通中货币平均数，V 为货币流通速度，P 为各类商品价格加权平均数，T 为交易量。

根据上述方程式，费雪又推导出如下公式：

$$P=\frac{MV}{T}$$

在该公式中，费雪认为，货币流通速度 V 在短期内基本不变，可视为常数，而作为交易量的 T 一般对产出水平保持固定比例关系，也是相对稳定的，因而在上述公式中，只剩下 P 与 M 的关系是可变的，而且得出物价 P 的水平随着货币量 M 的变化而变化的结论。

三、剑桥学派的货币需求理论——剑桥方程式（表 1–2）

表 1–2　剑桥学派的货币需求理论——剑桥方程式

要　点	内　容
剑桥方程式的背景及剑桥方程式	剑桥学派在研究货币需求问题上，重视微观主体行为对货币需求量的影响。该学派认为处于经济体系中的个人对货币的需求量，实质上是以怎样的方式持有自己资产的问题。决定人们持有货币多少的因素有：个人财富水平、利息率的变化以及持有货币可能拥有的便利等。但是，在其他条件不变的情况下，名义货币需求和名义收入水平保持着较稳定的比例关系 根据上述观点，剑桥学派提出如下方程式： $M_d = kPY$ 方程式中：M_d——名义货币总需求 Y——总收入，实际是生产总量 P——价格水平 k——以货币形式保存的财富占名义总收入的比例，即名义所得与货币量的比例
剑桥方程式与费雪方程式之间的关系	①对货币需求分析的侧重点不同。费雪方程式的货币需求是对货币交易手段职能的需求，侧重于商品交易量对货币的需求；而剑桥方程式的货币需求是货币作为一种资产职能的需求，侧重于总收入 Y 的需求 ②费雪方程式重视货币的流通量分析，因此它把货币需求与货币支付量联系在一起，重点研究货币存量与其在一定时期的流通速度，即 MV 与交易量 T 和物价水平 P 的关系；而剑桥方程式则是从货币存量的角度研究货币的存量需求，即研究货币存量与收入的比例（kPY）关系 ③两个方程式对货币需求的分析角度和所强调的决定货币需求因素有所不同。费雪方程式是对货币需求的宏观分析，而剑桥方程式则是从微观角度对货币需求进行分析。由于决定货币需求的微观主体因素较多，所以剑桥方程式中决定货币需求的因素多于费雪方程式

四、凯恩斯的货币需求理论（表 1–3）

表 1–3　凯恩斯的货币需求理论

要　点	内　容
凯恩斯的货币需求动机理论	货币需求被分为三部分：交易性需求、预防性需求和投机性需求 ①交易性需求，是指正常情况下购买消费品的需求 ②预防性需求，即为了防止意外情况发生而持有部分货币的需求 ③投机性需求，即随着利率的变动预测，以获取投机利益的货币需求 交易性需求和预防性需求为消费性货币需求

（续表 1-3）

要　　点	内　　容
凯恩斯的货币需求函数	凯恩斯根据货币需求动机理论给出了如下货币需求总量公式： 货币总需求＝消费性货币需求＋投机性货币需求 以 M_1 代表交易动机和预防动机货币需求（并称消费性货币需求），M_2 代表投机性货币需求，M_d 代表货币总需求，则 $M_d = M_1 + M_2$ 交易动机和预防动机货币需求 M_1，取决于收入 Y 的水平，是收入 Y 的函数，与收入 Y 成正相关关系，即收入 Y 的水平越高，货币需求量越高，反之则越低。而投机性货币需求 M_2 与利息率有关，是利率 r 的函数，但与利率 r 是负相关关系，即利率水平越高，投机性货币需求 M_2 就越少，反之则越多 根据上述观点，凯恩斯以 L_1 代表交易性货币需求和预防性货币需求，以 L_2 代表投机性货币需求，则其货币需求函数式即为： $M_d = M_1 + M_2 = L_1(\overset{+}{Y}) + L_2(\bar{r}) = L(Y, r)$
凯恩斯货币需求理论的特点	凯恩斯货币需求理论的一个显著特点是把货币的投机性需求（资产需求）列入了货币需求范围，即将 $L_2(r)$ 列入了货币需求函数

五、弗里德曼的货币需求理论

1. 弗里德曼货币需求函数理论的特点

（1）基本上承袭了传统的“货币数量理论”的结论，即非常重视货币数量和价格之间的关系。

（2）接受了剑桥学派和凯恩斯学派的某些观点。表现在：一是接受了剑桥学派和凯恩斯以微观主体行为作为分析的起点，二是把货币看作受利率影响的一种资产。

2. 弗里德曼的货币需求函数式及其意义

弗里德曼的货币需求函数式为：

$$\frac{M_d}{P} = f\left(y, w, r_m, r_b, r_e, \frac{1}{p}.\frac{dp}{dt}, u\right)$$

函数式的左端 $\frac{M_d}{P}$，表示货币的实际需求量，公式右端是决定货币需求的各种因素，按其性质可划分三组。

第一组：y，w 代表收入。其中 y 表示实际的恒久性收入。所谓恒久性收入，可以理解为预期平均长期收入。恒久性收入与货币需求呈正相关关系。w 代表非人力财富占个人总财富的比例，或得自财产的收入在总收入中所占的比例。

非人力财富占个人总财富的比例与货币需求呈负相关关系。

第二组：r_m，r_b，r_e 和 $\frac{1}{p}\cdot\frac{dp}{dt}$，在弗里德曼货币需求函数中统称为机会成本变量，即能够从这几个变量的相互关系中，衡量持有货币的潜在收益或潜在损失。其中，r_m 代表货币的预期收益率，r_b 是固定收益的债券利率，r_e 是非固定收益的证券利率。$\frac{1}{p}\cdot\frac{dp}{dt}$ 在弗里德曼货币需求函数中代表预期的物价变动率，同时也是保存实物的名义报酬率。若其他条件不变，物价变动率越高，货币需求量就越小。

第三组：u 在弗里德曼货币需求函数中反映人们对货币的主观偏好、风尚以及客观技术和制度等多种因素的综合变数。由于 u 是代表多种因素的综合变数，而且各因素对货币需求的影响方向并不一定相同，因此，它们可能从不同的方向对货币需求产生不同的影响。

第四节　货币供给的概念及其决定因素

货币供给就是指货币供给主体即现代经济中的银行体系向货币需求主体供给货币的行为。

一、货币供给的概念和口径（表 1–4）

表 1-4　货币供给的概念和口径

要　点	内　容
货币供给的概念	货币供给是经济活动中货币投入、创造和扩张（收缩）过程，由此形成货币供应量，也叫货币流通量、流通中货币量、货币存量。所谓货币供给量，指的是某一时间点上由各经济主体持有的由银行提供的债务总量，包括存款等在内的广义货币的投放发生额减去回笼后的结存额，是一个存量的概念
货币供给的口径	①货币供给层次的划分 根据中国人民银行公布的货币供给层次划分口径，我国的货币供应量分为三个层次： M_0：流通中现金 M_1：M_0 ＋活期存款 M_2：M_1 ＋准货币（定期存款＋储蓄存款＋其他存款） ②狭义货币与广义货币 一般说来，M_0 和 M_1 的流动性最强，是最容易转化为现实流通工具的货币，即狭义货币。现金与活期存款是最活跃的购买力，对货币流通影响最为强烈，与宏观经济市场供求具有高度的相关性，是中央银行首要调控的对象 M_2，即除现金、活期存款以外，将银行机构的各种定期存款、储蓄存款和一批易于变现的短期信用工具包括在内的货币形式，即广义货币

二、决定货币供给的因素（表 1–5）

在现代信用货币制度下，决定一国货币供给的基本因素是国家财政收支与银行信贷收支。银行信贷是货币流通的总闸门和调节器，在一定时期内，货币供应量的多少，直接取决于银行信贷收支，同时国家财政收支对银行信贷的收支也具有重要影响。

表 1–5　决定货币供给的因素

要　点	内　容
银行信贷收支与货币供应量的关系	银行信贷，包括中央银行信贷调控和商业银行信贷，两者与货币供给的关系既相联系，又有区别 （1）商业银行信贷收支与货币供给的关系 ①商业银行信贷收支是货币供给的总闸门和调节器。在现代银行信用制度和信用货币流通条件下，流通中的所有货币，无论是现金货币还是存款货币，无论是 M_0，M_1 还是 M_2，都是通过银行信用渠道，即通过银行信贷的收支进入流通和退出流通的 ② 商业银行具有创造信用（货币）的职能。随着经济发展对信用的需要，商业银行扩张信贷规模——主要是通过发放贷款，同时也就创造出了存款货币 （2）中央银行信贷调控与货币供应量的关系 中央银行并不直接向社会提供货币供应量，它与货币供应的关系主要体现在中央银行信贷调控与商业银行信贷收支的关系上，即主要是通过中央银行调控影响商业银行信贷能力来影响货币供应量。中央银行对商业银行信贷能力的影响，主要表现在如下四个方面： ①中央银行调整商业银行法定存款准备金对商业银行信贷能力的影响。当中央银行提高法定准备金率时，商业银行信贷能力降低，贷款与投资能力降低，因而货币供应量减少 ②中央银行对商业银行发放和收回贷款（包括再贴现）对商业银行信贷能力的影响。当中央银行对商业银行发放贷款或再贴现票据时，商业银行在中央银行超额准备金存款增加，信贷能力增强，可对工商企业和个人贷款能力增加，货币供应能力增加。无论中央银行从商业银行收回贷款或是再贴现票据到期兑付，都会使商业银行在中央银行随时可用的超额准备金存款减少。因而其对工商企业和个人的贷款能力降低，货币供应能力降低 ③中央银行通过调整与控制其黄金、外汇储备对商业银行信贷能力的影响。中央银行增加黄金、外汇储备，都会增加商业银行超额准备金，因而信贷能力增加，货币供应能力增加。反之，中央银行减少黄金、外汇储备，则会减少商业银行的超额准备金，从而信贷能力降低，货币供应能力降低 ④中央银行在公开市场买卖有价证券对商业银行信贷能力的影响。当中央银行从商业银行买进证券时，直接增加商业银行超额准备金存款，提高商业银行信贷能力和货币供应能力。反之，如果商业银行从中央银行买进证券，则情况相反

（续表 1-5）

要　点	内　容
国家财政收支与货币供应量的关系	（1）国家财政收支引起银行信贷相应收支 国家财政的收入都要通过商业银行经收，最后划转中央银行形成中央银行的信贷收入和资金来源；国家财政的一切支出，都要通过中央银行的财政金库存款拨付，划转到在商业银行开户的各单位去 （2）不同财政收支状况对货币供应量的影响不同 财政收支状况可概括为财政收支平衡、结余和赤字三种情况，不同的财政收支状况，对货币供应量的影响各不相同 ①财政收支平衡对货币供应量的影响。如果国家财政收入与财政支出平衡，进入流通的那部分商品构成与财政支出形成的货币购买力构成基本平衡，货币购买力能够正常实现，就意味着货币流通正常，对货币供应量无影响 ②财政结余对货币供应量的影响。财政结余意味着财政支出形成的社会购买力小于财政收入代表的那部分已经进入流通的商品供给，其差额表现为一部分形成财政收入的已进入流通的商品滞留于商业部门，形成商品库存积压，导致市场购买力需求不足，进而导致生产滑坡，经济出现不景气现象 为了减缓和避免上述现象，在扩大财政支出尚无确定项目的情况下，就必须借助金融政策，调整银行信贷收支，扩大信贷规模，增加货币供应量 ③国家财政赤字对货币供应量的影响。财政赤字意味着财政支出形成的货币购买力超过了财政收入代表的那部分已经进入流通的可供商品的价值，从而有可能导致货币供应量大于流通中可供商品量的矛盾，表现为流通中货币供应量过多 财政赤字的弥补方法不同，对货币供应量的影响也不同，国家财政赤字可以采取财政方法或信用方法进行弥补 所谓财政方法，主要是加强税收征管，增加财政收入，借以弥补财政赤字。利用财政方法弥补财政赤字，只是一部分原有货币供应量的等量转移，不引起货币供应量的增加或减少 所谓信用方法，主要是财政通过如下两种方法举债弥补财政赤字，一是向银行借款或透支银行信贷资金，弥补财政赤字；二是发行国债筹集资金，弥补财政赤字 无论财政从银行借款，还是从中央银行财政金库账户透支，都是银行信贷投放，都会导致货币供应量增加，成为通货膨胀的重要因素 当发行国债弥补财政赤字时，国债的购买人不同，对货币供应量的影响也不同。居民、企业单位用暂时不用的闲置资金购买，只是将其持有的一部分货币供应量转移为国家财政持有，也并不引起货币供应量的增减。银行用信贷资金购买国债，或者是企业单位购买国债挤占了银行信贷资金，也就是用银行信贷资金弥补了财政赤字必然导致货币供应量的增加 可见，只有当弥补财政赤字导致银行信用投放增加时，才会导致货币供应量增加

第五节　货币均衡

根据货币供给和需求的适应程度，货币供求状况可分为货币均衡和货币失衡两种状况，其中货币失衡通常表现为通货膨胀和通货紧缩。

一、货币均衡的含义和标志（表1–6）

表1–6　货币均衡的含义和标志

要　　点	内　　容
货币均衡的含义	货币均衡是指货币供应量与货币需求量在总量上大体相等，在结构上比较合理。可从以下三个方面理解货币均衡的内涵 第一，实际经济生活表明，货币供给与货币需求在量上绝对地相等是不可能的 第二，货币需求是由社会商品、劳务总供给决定的，货币供给则要适应经济中客观的商品、劳务的需要。货币均衡表面看来讲的是货币供给与需求的相等，而实质上是经济过程中商品劳务的供给与货币购买力表示的商品劳务需求之间的均衡，是货币流通与商品流通关系的具体体现 第三，货币均衡还要求货币供给与货币需求在结构上均衡。货币供求结构均衡主要表现是社会生产的各部门比例协调，企业所生产的产品产销对路，基本上能实现其价值，转化为货币 综上所述，现实经济生活中货币均衡可以表述为：货币供给与国民经济正常发展所必要的货币需求量基本相适应，在经济运行中保持一个动态的平衡状况，能体现出生产顺利增长、生产各部门比例协调、市场交易繁荣、物价基本稳定的局面
货币均衡的标志	①物价水平变动率。一般地说，物价稳定，说明货币供求基本平衡，物价上涨或下跌表明货币供求不平衡，而且物价上涨或下跌的幅度，表明货币供求失衡的程度 ②货币流通速度的变动。在市场经济条件下，货币供求失衡，在物价水平上升的同时货币流通速度加快。而货币流通速度的加快反过来促进物价更进一步上涨，它表明货币供求失衡状况更为严重 在计划经济体制下或物价受到完全管制时，货币流通速度是衡量货币供求是否均衡的重要标志：货币流通速度稳定，货币供求基本均衡；货币流通速度加快或减慢，表明货币供求失衡，而且加快与减慢的程度反映货币供求失衡的程度 ③货币供给增长率与国民生产总值增长率的比较。一般情况下，货币供给增长率与国民生产总值增长率是趋向一致的，如果货币供给增长过快，大大超过国民生产总值的增长，就一定存在着货币失衡

二、货币失衡：通货膨胀与通货紧缩

表 1-7　货币失衡的表现

要　　点	内　　容
通货膨胀	（1）通货膨胀的概念 在物价自由浮动的条件下，通货膨胀是由于货币供应量超过商品流通客观需要量，从而引起的货币贬值和物价上涨现象。货币供应量超过客观需要量是通货膨胀的原因，物价上涨是通货膨胀的表现形式。物价上涨率等于通货膨胀率 （2）通货膨胀的原因 通货膨胀的直接原因是货币供应量超过了客观需求量。从我国的状况来看，造成通货膨胀的原因主要有国家财政原因、国民经济结构原因、国际收支原因和银行信贷原因 ①国家财政原因。国家财政收支赤字如果依赖银行信贷资金弥补，势必引起银行信贷投放和信贷规模过度扩张，就会导致货币供应量超过货币客观需求量，从而引发通货膨胀 ②国民经济结构原因。是指国民经济发展比例失调造成的货币供应量相对过多，比例如果失调，就会导致结构型通货膨胀 ③国际收支原因。对外贸易顺差，意味着商品出口大于进口。这一方面减少了国内市场商品供应量；另一方面国家又要通过信贷途径投放本币增加外汇储备，扩大了国内本币供应量，形成国内货币购买力大于商品供应的矛盾，这将会导致通货膨胀。外资流入的增加，如果不能及时用来引进国内生产所需技术、设备或材料，也必然增加国内外汇储备，由此增加国内没有相应物资的货币供应量 ④银行信贷原因。即银行自身信用膨胀导致的货币供应量过多。例如，贷款过度、贷款不当，发放了没有物质基础的贷款，人为刺激经济增长所发放的效益低下的贷款，都会造成货币供应量超过可实现销售的商品流通客观需要量 （3）通货膨胀的类型 ①按照通货膨胀产生的原因，通货膨胀可以分为财政赤字型、经济结构型、国际收支型和银行自身信用膨胀型 ②按照通货膨胀的表现状态，可分为以下几种类型： 第一，开放型通货膨胀，也叫公开的通货膨胀，完全可以通过物价表现出来的通货膨胀 第二，抑制型通货膨胀，也叫隐蔽型通货膨胀 ③按照通货膨胀的程度，可分为以下几种类型： 第一，爬行式通货膨胀，又叫温和式通货膨胀，发展速度比较缓慢，短期内不易察觉。膨胀率在一位数字之内 第二，跑马式通货膨胀，又叫奔腾式通货膨胀，人们有明显感觉，不愿保存货币，抢购商品，寻找其他保值措施。膨胀率可达两位数字 第三，恶性通货膨胀，也叫极度通货膨胀

（续表 1-7）

要　点	内　容
通货膨胀	④按通货膨胀预期，可分为以下几种类型： 第一，非预期通货膨胀 第二，预期型通货膨胀 ⑤按西方通货膨胀学说，可分为： 第一，需求拉上型通货膨胀。又称超额需求通货膨胀，是指总需求超过总供给所引起的价格水平的持续显著上涨 第二，成本推动型通货膨胀。是指在没有超额需求的情况下，由于供给方面成本的提高所引起的一般价格水平持续和显著上涨。包括工资成本推动、利润推动和其他成本推动三方面 第三，供求混合型通货膨胀。通货膨胀是由需求拉上和成本推动共同起作用而引发的 第四，结构型通货膨胀。即使整个经济的总需求和总供给处于平衡状态，但由于经济结构的变动，由于经济结构以及部门、劳动力市场、国内市场价格、世界市场价格等方面发生了变动，从而影响到物价的变动而发生通货膨胀。资源缺乏流动性（不能从需求下降的部门流向需求扩张的部门），短期中出现需求在部门之间的大规模转移，以及工资和价格缺乏向下弹性是造成结构型通货膨胀的三个主要原因
通货紧缩	（1）通货紧缩的概念 通货紧缩是指由于货币供给量相对于经济增长和劳动生产率增长等要素的减少而导致的有效需求不足、一般物价水平持续下降、货币供应量持续下降和经济衰退等现象。从本质上说通货紧缩是一种货币现象，表现为物价水平持续、普遍地下降。通货紧缩也是一种实体经济现象。它通常与经济衰退相伴 （2）通货紧缩的类型 按通货紧缩的程度不同，可将其分为轻度通货紧缩、中度通货紧缩和严重通货紧缩 （3）通货紧缩的原因 ①紧缩性的货币与财政政策 ②经济周期的变化 ③投资和消费的有效需求不足 ④结构失调 ⑤国际市场的冲击

第二章 信用与利息

本章知识体系

信用与利息
- 信用
- 利息与利息率
- 存款利息的计算
- 贷款利息的计算
- 其他利息的计算

第一节 信 用

一、信用的产生和发展

信用是一种借贷行为，是以偿还和付息为条件的价值单方面运动。

信用产生与发展的基础是社会生产力的发展。私有制的产生、剩余产品的出现、贫富的分化是早期信用关系产生的客观基础。有商品货币关系就必然存在信用，商品货币经济越发展，信用活动也必然随之不断发展。

在现代市场经济中，信用主要是以借贷资本的形式进行运作。

借贷资本是在职能资本运动基础上产生的，并为职能资本运动服务。同时，借贷资本是从职能资本中分离出来而独立运动的一种特殊资本形式，借贷资本和职能资本相比较，具有不同的特点。

（1）借贷资本是作为商品的资本。把借贷资本作为商品是因为它具有特殊的使用价值和“价格”。使用价值就是把它当资本使用，为使用者带来利润。所谓“价格”，就是借贷资本的使用要支付的利息，它是一定时间内使用借贷资本的代价。

（2）借贷资本是所有权资本。货币资本家把借贷资本贷放出去，只是放弃了资本一定时期的使用权，并没有放弃资本的所有权。

（3）借贷资本有特殊的运动形式。贷者按约定期限把货币资本贷出，借者到期后归还本息。借贷资本运动分为两个阶段：贷出和归还。

（4）借贷资本最富有拜物教的性质。从产业资本和商业资本的运动过程可以看出，资本在商品生产和流通中增殖。借贷资本所带来的利息，直接表现为货币带来更多的货币，借贷资本的运动掩盖了资本进入再生产过程中人与人的关系，掩盖了利息的真正来源，使借贷资本具有了神秘的色彩。

二、现代信用的主要形式（表 2-1）

借贷关系特征的表现形式就是信用形式。按照在借贷关系中借者与贷者的不同，现代信用的主要形式有商业信用、银行信用、国家信用、消费信用、租赁信用、国际信用。

表 2-1　现代信用的主要形式

要　点	内　容
商业信用	商业信用是指企业之间在商品交易中相互提供的信用，其基本形式是赊销商品和预付货款。商业信用具有如下特点： ①商业信用的债权人和债务人都是企业经营者 ②商业信用贷出的资本是商品资本 ③商业信用的规模一般与产业资本动态是一致的 商业信用的特征，使它的存在和发展有明显的局限性： ①商业信用规模受企业能提供的资本数量限制 ②商业信用的供求有严格的方向性。商品供求的一致性形成借贷关系，这就决定了商业信用在供求上具有严格的方向性 ③商业信用期限的局限性。商业信用一般只适用于短期借贷
银行信用	银行信用是银行和各类金融机构以货币形式提供的信用。银行信用是在商业信用的基础上产生和发展起来的。银行一方面以吸收存款的方式将社会再生产过程中游离出来的暂时闲置的货币资金筹集起来，形成巨额资金；另一方面通过贷款方式将筹集的资金贷放出去，满足社会各界对资金的需求。银行信用是现代经济中最主要的信用形式之一 与商业信用相比，银行信用具有如下特点： ①银行信用是以货币形态提供的 ②银行信用克服了商业信用在数量和期限上的局限性 ③银行信用以银行和各类金融机构为媒介
国家信用	国家信用是国家（政府）以债务人身份筹集资金的一种信用形式。国家信用的债务人是国家（政府），债权人是购买国家债券的企业和居民等。国家发行的债券主要是公债和国库券 国家信用的作用主要表现在： ①调剂政府收支不平衡 ②弥补财政赤字 ③筹集巨额资金 ④调节经济
消费信用	消费信用是指工商企业、银行和其他金融机构对消费者提供的信用。提供的对象可以是商品、货币，也可以是劳务 消费信用的形式主要有： ①赊销 ②分期付款购买 ③消费贷款

（续表 2-1）

要　点	内　容
租赁信用	租赁信用是租赁公司、银行和其他金融机构通过出租设备或工具而收取租金的一种信用形式 租赁信用的主要形式包括： ①金融租赁。又称财务租赁，是一种融资和融物相结合的租赁形式。其做法是：先由承租人选好所需机器设备，由租赁公司出资购买，并出租给承租人 ②经营租赁。又称服务租赁，是一种以提供租赁设备或工具短期使用权的租赁形式。出租人将自己经营的出租设备或工具反复出租，不靠一次出租收回设备或工具的价款及利息，也不单靠某一次租金获得利润。经营租赁是一种由出租人提供维修、保养、管理服务、可撤销的、不完全支付的短期租赁形式 ③杠杆租赁。是一种投资和信贷相结合的租赁形式。其做法是：出租人自筹20% ～ 40% 的资金，其余部分向银行借入，然后将购买的设备租给承租人，出租人以出租的设备和租金作担保向银行取得借款
国际信用	国际信用是国际相互提供的信用。随着国际经济关系的发展，各类信用形式逐步扩展到世界范围，形成了国际信用 与国内信用一样，国际信用也存在不同的形式，主要有： ①国际商业信用。是指出口商以延期付款的方式向进口商提供的信用。除国际贸易中的延期付款外，还有补偿贸易和来料加工两种形式 补偿贸易是出口国企业向进口国企业提供厂房、机器设备、技术力量、专利、各种服务、人员培训或联合发展科研项目等，待项目实现或竣工投产后，进口国企业以该项目的产品或双方商定的其他办法，偿还出口国企业的各种投资 来料加工是由出口国提供原材料、机器设备的零部件或部分生产设备等，在进口国企业加工生产商品，其成品归出口国企业所有，进口国企业赚取加工费 ②国际银行信用。是指进口国和出口国双方银行为进出口商提供的信用。其主要形式是出口信贷 出口信贷是银行对出口贸易所提供的信贷。主要有卖方信贷和买方信贷两种形式 ③国际政府信用。是指国家政府间相互提供的信用。利率较低，期限较长，条件较优惠，具有友好往来的性质，但个别附有政治条件 ④国际金融机构信用。是指全球性或区域性国际金融机构为其成员国所提供的信用。国际金融机构贷款一般期限较长，利率较低，条件优惠，但审查较严格

三、信用的作用（表 2–2）

表 2–2　信用的作用

要　点	内　容
信用在生产中的作用	①信用是社会资本再分配的形式，促进利润的平均化和社会经济结构的优化 ②信用加速资本的积累和转化，促进生产规模的扩大和经济发展 ③信用促进资本的集中，提高生产的社会化程度
信用在商品流通中的作用	信用工具可以节约流通费用，加速资本周转。首先，通过商业信用交易的债权、债务可以相互抵消清理。其次，闲置的货币资本通过银行贷款投入流通，可以加快货币流通速度，节约了货币。最后，金、银币被银行券、纸币代替，可以节约金属货币，降低流通费用 信用加快了资本形态的变化，提高了商品交换的速度，减少了商品交换中资本的占用，降低了商品保管费用和流通费用
信用在消费中的作用	①调剂消费 ②推迟消费 ③扩大消费
信用在国家宏观经济管理中的作用	一方面国家借助金融体系调控宏观经济；另一方面产生了各种信用工具，中央银行可以通过调整法定存款准备金政策、再贴现政策、公开市场业务等政策工具，达到调节经济的目的
信用是产生经济危机的重要条件	信用可以促进商品经济的发展，但也在一定程度上加深了商品经济的各种矛盾，增大了产生经济危机的可能性 ①信用是商品经济过度扩张的重要条件 ②信用是加重国民经济结构失衡的条件 ③信用为许多投机行为提供了条件

信用在现代商品经济中的作用具有双重性，在充分发挥信用主要的、正面的作用的同时，要通过完善社会政治、经济、金融体制，严格规范各种管理手段，克服或减少信用的负面作用。

四、社会信用体系

所谓社会信用体系，就是与信用信息的征集、披露、使用有关的一系列法律法规、制度、规范、组织机构、监管体制、技术手段、交易工具的总和。建设社会信用体系的目的，旨在建立一个适应信用交易发展的市场环境，促进一国的市场经济向信用经济方向转变，即从以原始支付手段为主流的市场交易方式向以信用交易为主流的市场交易方式健康发展。

社会信用体系的核心是建立起一套有效的信用信息的记录和传播机制，把失信者个体间的矛盾转化为失信者与全社会的矛盾，依靠市场经济内生的力量，实现社会对失信者的联防惩戒。要建立起这种机制，社会信用体系必须包含以下内容。

（1）信用信息系统。

（2）信用法律制度体系。

（3）信用中介服务体系。

（4）信用监督管理体系。

（5）守信激励与失信惩戒机制。

五、征信与征信服务

征信的基本含义是以了解企业资信和消费者个人信用为目的的调查活动，包括对一些与交易有关的数据进行采集、核实和依法传播的操作全过程。根据调查对象的不同（法人或是自然人），征信可以分为企业征信和个人征信，不同种类的征信服务在操作方式、方法上亦有不同。

第二节　利息与利息率

一、利息的性质

利息是借款人支付给贷款人使用贷款的代价。或者说利息是贷款人由于借出货币使用权而从借款人那里获得的报酬。利息是从属于信用的一个经济范畴，信用关系是利息产生的基础。

利息的性质决定于利息的来源。货币执行了资本的职能，使货币具有了资本的使用价值——生产平均利润。利息是劳动者在社会再生产过程中创造的利润的一部分，是利润的转化形式，是社会财富再分配的手段，体现了一定的社会生产关系。

西方学者对利息的性质有不同的观点，有代表性的有以下几种。

（1）利息报酬论。认为利息是因暂时放弃货币的使用权而获得的报酬。

（2）资本生产力论。认为利息的本质是资本自身生产力的产物，借贷资本的利息由两部分组成，一是风险性利息，二是纯利息。风险性利息是贷者借出货币后要承担一定风险的报酬。

（3）节欲等待论。认为利息是由资本所有者对目前享乐和满足的牺牲，放弃自己的消费欲望、节制消费的报酬。

（4）利息时差论。也称时间偏好论。这种理论认为利息的产生和利率水平的高低取决于人们对同一等量商品在现在和将来的两个不同时间内主观评价的差异。

（5）灵活偏好论。也称流动偏好论。这种理论认为利息是人们在特定时期内放弃货币周转的灵活性的报酬。

二、利息率和利息率的种类

利息率简称利率，是指一定时期内利息额同借贷资金额（本金）的比率。利率是衡量利息高低的指标。用公式表示：

$$利息率=\frac{利息额}{借贷资金额（本金）}$$

按照不同的标准，利息率可以分成不同的类别，详见表2-3。

表2-3 利息率的种类

要点	内容
年利率、月利率与日利率	根据计算利息的时间单位划分，利率可分为年利率、月利率和日利率。年利率是以年为时间单位计息，俗称“分”，年利率以本金的百分之几表示（%）；月利率是以月为时间单位计息，俗称“厘”，月利率以本金的千分之几表示（‰）；日利率是以日为时间单位计息，俗称“毫”，日利率以本金的万分之几表示（‱）
名义利率与实际利率	按利率性质不同，可分为名义利率和实际利率 名义利率是以名义货币表示的利息率。实际利率是名义利率扣除通货膨胀因素以后的真实利率。即： 实际利率＝名义利率－通货膨胀率 判断利率水平的高低，必须以实际利率为依据。当通货膨胀率高于名义利率时，实际利率为负数，称为负利率
市场利率与官定利率	按利率形成的方式不同，可分为市场利率和官定利率 市场利率是由借贷双方在资金市场上通过竞争而形成的利息率。资金供过于求，市场利率下降；资金供不应求，市场利率上升 官定利率是政府或中央银行确定的利息率 官定利率的变化代表了政府货币政策意向，对市场利率有重要影响。市场利率随官定利率的变化而变化，但是，市场利率主要受借贷资金供求影响，并不与官定利率变化完全一致。市场利率变化灵敏反映市场资金供求状况，是国家制定官定利率的重要依据
固定利率与浮动利率	按利率管理方式的不同，可分为固定利率和浮动利率 固定利率是在整个借款期内都固定不变的利息率。固定利率的优点是简便易行、便于计算借款成本。一般适用于借款时间短、市场利率变化不大的借贷活动 浮动利率是在借贷期间可定期调整的利息率。实行浮动利率难以计算借款成本，但借贷双方承担的利率变化的风险小，一般适用于长期借贷
短期利率与长期利率	按照期限的不同，可分为短期利率和长期利率 短期利率是指融资时间在一年以内的利息率。长期利率是指融资时间在一年以上的利息率。利率高低与金融资产的借贷期限成正比，期限越长利率越高
存款利率与贷款利率	按照业务的不同，可分为存款利率和贷款利率 存款利率是指客户在银行和其他金融机构存款所取得的利息和存款本金的比率 贷款利率是指银行和其他金融机构发放贷款所收取的利息与贷款本金的比例 贷款利率一般高于存款利率，贷款利率与存款利率的差距即为存贷利差，存贷利差是银行利润的主要来源之一

三、利息率的决定性影响因素（表 2-4）

表 2-4　利息率的决定性影响因素

要　点	内　容
平均利润率	社会平均利润率是决定利息率的基本因素。社会平均利润率越高，则利息率越高。因此，平均利润率是利息率水平的最高界限
借贷成本	银行的借贷成本主要有两部分：一是银行吸收存款或发行债券所支付的利息；二是业务费用，即银行在经营业务过程中的各项支出。银行的贷款利息收入必须大于存款利息支出与吸收存款业务费用之和，否则就无利可图
资金供求状况	借贷资本的供给大于需求，利息率下降；借贷资本的需求大于供给，利息率上升
借贷期限	在一般情况下，借贷期限越长，借出者成本越高、风险越大，借入者创造的可分割的利润越多，利息率应该越高；反之，就越低
借贷风险	贷款风险越大，利息率越高；反之，则利息率越低
国家宏观经济政策	当经济增长过热、物价上涨过快时，国家就要实行紧缩的货币政策，提高利息率；当经济衰退、商品过剩、价格下降时，国家就要实行扩张的货币政策，降低利息率
国际利率水平	首先，国际资本流动影响利率水平。当国内利率水平高于国际利率水平时，外国资本就会向国内流动；反之，当国内利率水平低于国际利率水平时，国内资本就会流向国外。国际资本流动会引起货币市场上资金供求变化，因而，必然引起国内利率水平的变化。其次，利率变动会影响国际收支，影响本国通货的对外价值，使本国的对外贸易受到影响

四、利息率变动对经济的影响（表 2-5）

表 2-5　利息率变动对经济的影响

要　点	内　容
对聚集社会资金的影响	提高存款利率有利于吸收存款，对社会闲置资金的聚集比较充分。因此，存款利率水平和吸收存款的数量成正方向变化
对信贷规模和结构的影响	贷款利率的高低与借款者的收益成反方向变化，提高贷款利率，使借款企业利润减少，盈利机会减少，借款行为减少，贷款数量和投资规模随之缩小。当贷款利率提高到一定程度，借款企业不仅会减少新借款，甚至会收缩现有生产规模，把资本从再生产过程中抽出，将职能资本转化为借贷资本，以获取较高利息 一般的调节方法是对有发展前景的新兴产业、国民经济发展中的短线行业、经济发展重点部门的贷款实行较低的优惠利率，促使这些部门、企业获得更多的信贷资金，扩大生产、经营规模，加快发展速度

（续表 2-5）

要　点	内　容
对信贷规模和结构的影响	反之，对那些需要限制发展的行业、部门、企业实行较高的贷款利率，使其减少信贷资金的借入，缩小生产经营规模。运用利率调节信贷资金结构，直接影响产业结构，而产业结构的优化，对国民经济的健康、稳定发展具有重要作用
对资金使用效益的影响	首先，运用利率手段调节信贷资金结构，能促进产业结构的科学化，实现经济协调稳定发展，这是提高资金使用效益的基础。其次，运用利率调节手段，促使企业提高资金使用效益
对商品价格的影响	①调整利率，影响货币供应量。利息率高低直接影响银行的信贷总规模，信贷总规模直接决定货币供应量 ②调整利率，可以调节需求总量和结构 ③调整利率，可以增加有效供给
对国际收支的影响	在一般情况下，当本国利率高于其他国家利率时，可以阻止本国资金流向国外，吸引国外短期资金流入本国，改善国际收支逆差。但是，在国内经济衰退与国际收支逆差并存时，一般不能简单地提高利息率，而应调整利率结构，一方面降低长期利率，鼓励投资，刺激经济增长；另一方面提高短期利息率，阻止本国资金外流，吸引国外短期资金流入，促进国际收支平衡

五、我国现行的利率体系（表 2-6）

表 2-6　我国现行的利率体系

要　点	内　容
概　述	利率体系是一个国家在一定时期内各类利率的总和。主要包括利率结构、利率传导机制和利率监管体系 按利率的结构划分，我国现行的利率体系是以中央银行利率为基础、金融机构利率为主体和市场利率并存的利率体系
中央银行利率	中央银行利率是中央银行对金融机构的各种存贷款利率。其中，存款利率主要包括金融机构在中央银行的法定存款准备金利率和一般存款利率；贷款利率主要包括中央银行对金融机构的再贷款利率和再贴现利率。中央银行的再贴现率称为基准利率
金融机构利率	金融机构利率是金融机构对企业单位和个人的各种利息率
市场利率	市场利率主要包括短期资金市场利率、长期资金市场利率和一般私人借贷利率等。短期资金市场利率包括同业拆借利率和票据市场利率等；长期资金市场利率包括各类有价证券利率和收益率等；一般私人借贷利率包括民间各种私人借贷利率。市场利率的变动灵活反映市场资金供求、物价变化和融资风险，是国家制定利率政策的重要依据

六、利率市场化（表 2–7）

表 2–7　利率市场化

要　点	内　容
定　义	利率市场化是指将利率的决定权交给市场，通过市场和价值规律机制，由市场主体根据资金供求状况自行决定利率水平的利率形成机制。利率市场化改革的目标是形成以中央银行基准利率为基础，以货币市场利率为中介，由市场供求决定金融机构存贷款利率的市场利率体系和利率形成机制
利率市场化的内容	一般而言，利率市场化包括两方面内容：一是商业银行的存贷款利率市场化，二是中央银行通过间接调控的方式影响市场利率 ①商业银行存贷款利率市场化 在市场利率制度下，商业银行根据以同业拆借利率为代表的市场利率、本行资金需求、资产负债的期限结构、成本结构和风险结构的匹配情况等因素，灵活调整本行利率政策，达到降低成本、减少风险、争取最大盈利的目的 商业银行各项贷款利率应在中央银行规定的上下限内，围绕基准利率浮动。商业银行确定浮动幅度，一般根据同业拆借利率的变化趋势、贷款质量、期限、风险、所投行业的发展前景及与客户的信用关系因素确定 ②中央银行间接调控利率 中央银行通过保留对存款利率上限、基础贷款利率或最优惠贷款利率的窗口指导权和再贷款、再贴现、公开市场操作等业务，间接调控货币市场资金供求的方式，调控同业拆借利率，并由此影响商业银行的存贷款利率
利率市场化改革的风险	在信息不对称的情况下，利率市场化会带来两个结果：过度投资或者投资不足 利率市场化改革将给商业银行带来阶段性风险和恒久性风险 所谓利率市场化的阶段性风险是指利率放开管制的初期，商业银行不能适应市场化利率环境所产生的金融风险 所谓利率市场化的恒久性风险就是利率风险。与阶段性风险不同，利率风险源自市场利率变动的不确定性 利率市场化是各国经济持续发展的必由之路

七、利息的基本计算方法（表 2–8）

表 2–8　利息的基本计算方法

要　点	内　容
单利计息	单利计息是指在计算利息额时，不论期限长短，仅按原本金和规定利率计算利息，所生利息不再加入本金重复计算利息的计息方法。计算公式为： 利息额＝本金 × 利率 × 期限

（续表 2-8）

要　点	内　容
复利计息	复利是单利的对称。复利计息是指在计算利息额时，要按一定期限（如1年），将所生利息加入本金再计算利息，逐期滚算的计息方法，俗称利滚利。计算公式为： $$本利和=本金\times(1+利率)^{期数}$$ $$利息=本利和-本金$$

第三节　存款利息的计算

一、储蓄存款利息的计算（表 2-9）

表 2-9　储蓄存款利息的计算

要　点	内　容
计算储蓄存款利息的基本规定	①计算存期的规定。每月按 30 天计算，全年按 360 天计算；不足一个月的零头天数，按实际天数计算。计算存期采用算头不算尾的办法，即从存入的当天一直算到支取日的前一天为止 ②利随本清，不计复利。活期储蓄存款未清户按季度结息自动转存的存款，视同到期办理，利息可并入本金 ③计息起点和尾数处理的规定。计息起点为元位，元以下角、分不计利息。利息金额算至分位，分位以下四舍五入 ④利率单位及其换算 $$年利率=月利率\times12$$ $$月利率=日利率\times30$$ $$年利率=日利率\times360$$
《储蓄管理条例》对各种储蓄存款利息计算的规定	①未到期的定期储蓄存款，全部或部分提前支取的，提前支取部分按支取日挂牌公告的活期储蓄存款利率计付利息 ②逾期支取的定期储蓄存款，其超过原定存期的部分，除约定自动转存的外，按支取日挂牌公告的活期储蓄存款利率计付利息 ③定期储蓄存款在存期内遇有利率调整，按存单开户日挂牌公告的相应的定期储蓄存款利率计付利息，不分段计息 ④活期储蓄存款在存入期间遇有利率调整，按结息日挂牌公告的活期储蓄存款利率计付利息。全部支取活期储蓄存款，按清户日挂牌公告的活期储蓄存款利率计付利息

（续表 2-9）

要　点	内　容
《储蓄管理条例》对各种储蓄存款利息计算的规定	⑤定活两便储蓄存款实存期不足 3 个月的，按活期储蓄存款利率计息；3 个月以上（含 3 个月），不满半年的，整个存期按支取日定期整存整取 3 个月存款利率打六折计息；存期半年以上（含半年），不满 1 年的，整个存期按支取日定期整存整取半年期存款利率打六折计息；存期在 1 年以上（含 1 年），无论存期多长，整个存期一律按支取日定期整存整取 1 年期存款利率打六折计息
储蓄存款利息的计算方法	1. 活期储蓄存款利息的计算方法 个人活期储蓄存款按季结息，每季末月的 20 日为结息日 活期储蓄存款利息计算的方法主要是积数计息法 计算公式为： 每次存款余额 × 存期＝计息积数 计息积数和 × 日利率＝应付利息 2. 定期储蓄存款利息的计算方法 （1）整存整取定期储蓄存款利息的计算 ①到期支取：存款在原定存期内，不论有无利率调整，均按存单开户日挂牌公告利率计息，不分段计息。计算公式为： 应付利息＝本金 × 月数 × 月利率 ②逾期支取：逾期支取的定期储蓄存款，其超过原定存期的部分，按支取日挂牌公告的活期储蓄存款利率计付利息。计算公式为： 定期储蓄存款逾期部分利息＝逾期本金 × 活期储蓄存款利率 × 逾期天数 应付利息＝到期利息＋逾期部分的利息 ③提前支取：提前支取的定期储蓄存款，按支取日挂牌公告的活期储蓄存款利率计付利息。计算公式为： 提前支取部分的应付利息＝提前支取的本金 × 实存天数 × 支取日活期储蓄存款利率 （2）零存整取定期储蓄存款利息的计算。这种定期储蓄存款利息的计算有积数计息法和每元平均利息计算法 ①积数计息法。这种方法是按“零整”储蓄分户账每月的存款余额算出累计月积数，用累计计息积数乘以利率，便可算出应付利息。如果每月存入金额是固定的、相等的、在排列上是一个等差数列，计算公式为： $\text{积数和}=\frac{(\text{首项}+\text{末项})\times\text{项数}}{2}$ $\text{利息}=\frac{(\text{末次余额}+\text{首次存额})\times\text{存入次数}}{2}\times\text{月利率}$ 或：$\text{利息}=\text{每月固定存额}\times\text{存入次数}\times\frac{\text{存期（月数）}+1}{2}\times\text{月利率}$

（续表 2-9）

要　点	内　容
储蓄存款利息的计算方法	②每元平均利息计算法。即先用积数法算出各种存期每元本金平均利息，存款到期支付时，用存款余额乘以每元平均利息，即可得出应付利息。计算公式为： $每元平均利息=\frac{存入次数+1}{2}\times 月利率$ $应付利息=每元平均利息\times 存款余额$ （3）积零成整储蓄存款利息的计算。这种储蓄存款方式是已知到期本息和、利率、存期，先算出每次应存金额，然后用到期本息和减去存入本金，得出应付利息。计算公式为： $每月应存金额=\frac{到期本息和}{存入次数+\frac{存入次数+1}{2}\times 存入次数\times 月利率}$ $利息=本息和-（每月存入金额\times 存款次数）$ （4）存本取息定期储蓄存款利息的计算。这种储蓄存款利息的计算是根据支取利息的次数，算出每次支取利息的数额。计算公式为： $每次支取利息数=\frac{本金\times 存期\times 利率}{支取利息次数}$ （5）整存零取定期储蓄存款利息的计算。这种储蓄本金一次存入，逐期递减，利息于期满结清。计算公式为： $到期应付利息=\frac{全部本金+每次支取本金}{2}\times 支取本金次数$ $\times 每次支取间隔月数\times 利率$ 3. 定活两便储蓄存款利息的计算方法 存期不满 3 个月的利息＝本金 × 实存天数 × 支取日活期储蓄存款利率 存期 3 个月以上的利息＝本金 × 实存天数 × 相应档次整存整取定期储蓄存款利率 ×60% 4. 自动转存和约定转存的计息方法 为了方便储户续存，整存整取定期储蓄存款到期时，可以办理自动转存或约定转存 （1）自动转存的计息方法。自动转存是由存款银行根据储户要求，按原存款期限自动办理转期续存，所生利息并入本金，按转存日利率重新起息，不开新存单，待客户支取时一并支付，计算公式为： 第一存期利息＝原存款 × 利率 × 期限 转存款金额＝原存款金额＋利息 （2）约定转存。约定转存是由储户和银行预约到期转存方式，约定存期和转存金额

二、单位存款利息的计算（表 2-10）

单位存款分为活期存款和定期存款两种，活期存款多采用定期结息法，定期存款多采用逐笔结息法（或称利随本清）。

表 2-10　单位存款利息的计算

要　　点	内　　容
中国人民银行对单位存款利息计算的有关规定	①单位定期存款在存期内按存款存入日挂牌公告的定期存款利率计付利息，遇到利率调整，不分段计息 ②单位定期存款可以全部或部分提前支取，但只能提前支取一次。全部提前支取的，按支取日挂牌公告的活期存款利率计息。部分提前支取的，提前支取的部分按支取日挂牌公告的活期存款利率计息；其余部分如不低于起存金额由金融机构按原存期开具新的证实书，按原存款开户日挂牌公告的同档次定期存款利率计息，不足起存金额则予以清户 ③单位定期存款到期不取，逾期部分按支取日挂牌公告的活期存款利率计付利息 ④单位活期存款按结息日挂牌公告的活期存款利率计息，遇利率调整分段计息 ⑤通知存款按支取日挂牌公告的同期同档次通知存款利率计息
单位活期存款利息的计算方法	单位活期存款一般按季结息，每季末月 20 日为结息日 ①余额表计息。余额表是每日根据各科目分户账各户当日最后余额抄列的，各户逐日余额相加之和，就是该户的计息积数 利息 = 本季计息积数 × 日利率 ②分户账计息。采用在分户账上计息的存款，一般使用乙种账页，当发生资金收付时，应算出上一次存款余额的实存日数和计息积数，直接记入账页上的“日数”和“积数”栏内。日数计算是从上一次记账日算至本次记账日的前一日止。以上一次存款余额乘以日数，即为计息积数
单位定期存款利息的计算方法	单位定期存款主要采用利随本清的方式计算利息

第四节　贷款利息的计算

贷款利息的计算（表 2-11）

表 2-11　贷款利息的计算

要　　点	内　　容
定期结息计息	定期结息即按季或按月结计利息。一般采用计息余额表或在贷款分户账页上计息，在计息时，按实际天数，先累计出计息积数，再乘以日利率结计利息，其计算方法和单位活期存款计息相同。计算公式为： 利息＝累计计息积数 × 日利率
利随本清计息	利随本清是借款人偿还银行贷款时，银行按偿还金额逐笔计收利息。贷款的计息时间从贷出之日起，算至归还前一天止。如贷款期限是整月的，则按月计息：如有零头天数，可全部化成天数，按日计息。每月均按 30 天计算，零头天数有一天算一天。计算公式为： 按月计息：利息＝还款金额 × 月数 × 月利率 按日计息：利息＝还款金额 × 天数 × 日利率
票据贴现计息	贴现利息的决定因素是贴现票据的票面金额、贴现率和贴现期。其中，贴现率就是办理贴现使用的贴现利率，贴现期就是票据自贴现日起至票据到期日的前一日止的时间。整月的按 30 天计算，零头天数按实际天数计算。计算公式为： 贴现利息＝票据的票面金额 × 贴现率 × 贴现期

第五节　其他利息的计算

一、银行卡利息的计算（表 2-12）

表 2-12　银行卡利息的计算

要　　点	内　　容
银行卡的概念和种类	银行卡是指由发卡银行向单位和个人发行的具有消费信用、转账结算、存取现金等全部或部分功能的信用支付工具 银行卡包括贷记卡、准贷记卡和借记卡 贷记卡是指发卡银行给予持卡人一定的信用额度，持卡人可在信用额度内先消费、后还款的信用卡 准贷记卡是指持卡人先按银行要求交存一定金额的备用金，当备用金不足支付时，可在发卡银行规定的信用额度内透支的信用卡

（续表 2-12）

要　点	内　容
银行卡的概念和种类	借记卡是指持卡人事先在发卡银行存款，持卡购物、消费要以存款余额为限度的银行卡。借记卡按功能不同，分为转账卡、专用卡、储值卡。借记卡不能透支 银行卡按币种不同，分为人民币卡、外币卡；按发行对象不同，分为单位卡（商务卡）、个人卡；按信息载体不同，分为磁条卡、芯片（IC）卡 银行卡的计息包括计收利息和计付利息。发卡银行对准贷记卡及借记卡（不含储值卡）账户内的存款，按照中国人民银行规定的同期同档次存款利率及计息办法计付利息。发卡银行对贷记卡账户的存款、储值卡（含 IC 卡的电子钱包）内的币值不计付利息
银行卡备用金存款利息的计算	银行卡备用金属于活期存款，各金融机构对银行卡备用金存款按国家规定的活期存款利率计付利息。银行卡备用金存款收、付频繁，余额经常发生变化，一般采用积数法计算利息 个人卡、单位卡账户每季末月 20 为结息日，计算期是上季末月 21 日到本季末月 20 日
银行卡透支利息的计算	贷记卡持卡人非现金交易享受免息还款期待遇。银行记账日至发卡银行规定的到期还款日之间为免息还款期。免息还款期最长为 60 天。持卡人在到期还款日前偿还所使用全部银行款项即可享受免息还款期待遇，无须支付非现金交易的利息 贷记卡持卡人选择最低还款额方式或超过发卡银行批准的信用额度用卡时，不再享受免息还款期待遇，应当支付未偿还部分自银行记账日起，按规定利率计算的透支利息 贷记卡持卡人支取现金、准贷记卡透支，不享受免息还款期和最低还款额待遇，应当支付现金交易额或透支额自银行记账日起，按规定利率计算的透支利息 贷记卡透支按月计收复利，准贷记卡透支按月计收单利，透支利率为日利率万分之五，并根据中国人民银行的此项利率调整而调整

二、银行理财产品收益的计算（表 2-13）

表 2-13　银行理财产品收益的计算

要　点	内　容
银行理财产品的概念和种类	银行理财产品是商业银行在对潜在目标客户群分析研究的基础上，针对特定目标客户群开发设计并销售的资金投资和管理计划。其本质是代客理财 根据币种不同，理财产品一般分为人民币理财产品和外币理财产品；根据客户获取收益方式的不同，理财产品分为保证收益理财产品和非保证收益理财产品；根据投资领域不同，理财产品又可分为债券型、信托型、挂钩型及 QDII 型理财产品 ①债券型。投资于货币市场中，投资的产品一般为央行票据与企业短期融资券

（续表 2-13）

要　点	内　容
银行理财产品的概念和种类	②信托型。投资于有商业银行或其他信用等级较高的金融机构担保或回购的信托产品，也有投资于商业银行优良信贷资产受益权信托的产品 ③挂钩型。产品最终收益率与相关市场或产品的表现挂钩，如与汇率挂钩、与利率挂钩、与国际黄金价格挂钩、与国际原油价格挂钩、与道·琼斯指数及与港股挂钩等 ④ QDII 型。所谓 QDII，即合格的境内投资机构代客境外理财，具体是指取得代客境外理财业务资格的商业银行。QDII 型人民币理财产品就是客户将手中的人民币资金委托给合格的商业银行，由合格的商业银行将人民币资金兑换成美元，直接在境外投资，到期后将美元收益及本金结汇成人民币后分配给客户的理财产品
银行理财产品收益的计算方法	如果存在认购手续费，应该在计算收益的时候予以扣除。银行公布的理财产品收益率均为预期的年化收益率。在选择理财产品时，特别要留意三个内容，即购买起点、预期年化收益率、产品期限 银行理财产品收益的计算公式为： 理财产品收益＝理财资金金额 × 理财资金投资实际收益率 ÷365× 理财实际天数

三、国家债券利息的计算（表 2-14）

表 2-14　国家债券利息的计算

要　点	内　容
凭证式国库券利息的计算	凭证式国债是采用填制“凭证式国债收款凭证”的方式按面值发行的国债 1. 持有到期凭证式国债利息的计算 债券持有到期办理还本付息，一律不收取手续费。逾期不加计利息。计算公式为： 国债持有到期利息＝购买金额 × 期限 × 利率 2. 提前兑取凭证式国债利息的计算 凭证式国债不能流通转让，但可提前兑取。以 ×××× 年二年期凭证式国债为例，其具体计息方法是： （1）对持有不满半年的凭证式国债，不计付利息，同时还要从本金中扣除 2‰ 的手续费 （2）二年期凭证式国债确定了两个利率档次 ①持有满半年（含半年）不满 1 年的，按年利率 5.4% 计息 ②持有满 1 年（含 1 年）不满 2 年的，按年利率 7.47% 计付利息
贴现国债收益率的计算	贴现国债是按低于面值金额的价格发行，到期时按票面金额兑付，而不另付利息的国债。票面金额与发行价格之间的差价即为该贴现国债的收益。贴现国债收益率的计算公式为：

（续表 2-14）

要　点	内　容
贴现国债收益率的计算	$$贴现国债收益率=\frac{票面金额-购买价格}{购买价格\times 剩余年数}\times 100\%$$

四、租金的计算（表 2-15）

表 2-15　租金的计算

要　点	内　容
租金的构成要素	租金的构成要素取决于租赁方式。不同种类的租赁，其租金的构成要素也不尽相同，一般的构成要素有租赁物件的概算成本 、租赁期间的利息费用、经营租赁项目必需的开支、设备的估计残值
租金的计算方法	①平均分摊法 计算公式为： $$每期应付租金金额=\frac{（租赁物件的购置成本-预计残值货价）+利息（复利）+手续费}{租金支付期数}$$ ②年息计算法 计算公式为： $$每期应付租金金额=\frac{租赁物件的购置成本\times 年息数（常数）}{支付租金次数}$$

第三章　金融体系与金融中介

本章知识体系

金融体系与金融中介
- 金融体系概述
- 金融中介的功能及其分类
- 主要金融中介机构
- 金融调控与金融监管机构

第一节　金融体系概述

一、金融体系与金融中介（表 3-1）

表 3-1　金融体系与金融中介

要　　点	内　　容
金融体系	金融体系是实现货币资金聚集、分配、流通以及实现金融产品交易的一个系统。从广义的角度讲，金融体系包括金融调控体系、金融组织体系、金融监管体系、金融市场体系、金融环境体系五个方面。从狭义的角度看，金融体系特指沟通资金供求双方（亦称金融交易双方），对之进行调控与监督管理的中央银行（或最高货币当局）与金融监管机构所构成的统一体。在金融体系当中，中央银行处于核心地位，商业银行是整个金融体系的主体，其他类型金融机构有着不可替代的作用 我国目前金融体系的典型特征是：以中央银行为整个社会金融运行的核心，以商业银行、专业银行等金融机构为金融运行主体、各种非银行类金融机构为辅助；不同类型的金融机构分别经营各自范围的金融业务，归属不同的监管部门监管的金融体系模式，这种金融体系模式就是常说的“分业经营、分业监管”模式
金融中介	金融中介是在金融活动当中为资金盈余方与资金需求方提供各种服务，促使资金供求双方实现资金融通或者帮助金融交易双方达成金融产品交易的各类金融机构的总称

二、金融中介的特殊性

1. 特殊的经营对象与经营内容

金融中介的经营对象是货币资金及其衍生形态这种特殊商品，经营的内容是对货币资金的收付、借贷以及各种与货币资金运动有关的金融交易或与之相关联的金融服务。

2. 特殊的经营关系与经营原则

金融中介与客户之间主要是货币资金的借贷、融通与投资关系，在形成这些关系的同时，资金所有权与使用权会出现暂时或长期分离，其间包含很多不确定因素与各种金融风险，因此，金融中介在经营中必须遵循安全性、流动性、盈利性相统一的原则。

3. 特殊的经营风险

金融活动中风险种类繁多，有信用风险、支付风险、挤兑风险、利率风险、汇率风险等多种类型，这些风险多与系统性风险相关联。

第二节　金融中介的功能及其分类

金融中介的功能及其分类（表 3–2）

表 3–2　金融中介的功能及其分类

要　　点	内　　容
金融中介的基本功能	①充当信用中介，促进资金融通。这是金融中介最基本的功能 ②充当支付中介，便利支付结算 ③提供金融服务，降低交易成本 ④解决金融活动信息不对称问题 ⑤转移和分散金融风险。通过集中资金，转移和分散金融产品与服务当中所包含的风险
金融中介的分类	（1）按照活动领域可以分为直接金融中介和间接金融中介 （2）按职能作用可以分为金融调控、监管机构和一般金融机构 （3）按业务特征可以分为银行和非银行金融中介 （4）按照在金融活动中所起的作用可分为融资类金融中介、投资类金融中介、保险类金融中介、信息咨询服务类金融中介 （5）按照资金来源方式可分为存款类金融机构、契约型储蓄机构和投资性中介机构 （6）按照经济活动类型分为不包括养老基金的金融中介、保险和养老基金、辅助金融中介 （7）按照中心产品类型分为金融中介服务、投资银行服务、保险和养老基金服务、再保险服务、金融中介辅助服务、保险和养老基金辅助服务

（续表 3-2）

要　　点	内　　容
金融中介的分类	（8）按照国民核算体系分为中央银行、其他存款机构、非存款金融机构、金融辅助机构、保险公司和养老基金 在实际工作中，通常将金融机构分为银行类金融机构和非银行金融机构两大类。前者主要包括中央银行、商业银行和政策性银行等，而证券公司（投资银行）、保险公司、信托投资公司等其他机构则归入非银行金融机构

第三节　主要金融中介机构

一、商业银行（表 3-3）

表 3-3　商 业 银 行

要　　点	内　　容
商业银行的概念和特殊性质	（1）商业银行的概念。商业银行亦称存款货币银行，是以经营金融资产和金融负债为最主要对象，并提供相关的金融服务以获取利润为目标的货币资金经营企业 （2）商业银行的特殊性质。商业银行的特殊性主要体现在： ①商业银行是一个接受信用同时又提供信用的中介机构 ②商业银行是唯一能提供“银行货币”的金融组织 ③商业银行是以金融资产和金融负债为经营对象，所经营的商品表现为价值形态的特殊商品——货币与货币资本，其经营活动范围是货币信用领域
商业银行的职能	①信用中介职能。这是商业银行最基本的职能 ②支付中介职能。商业银行的一个重要职能 ③信用创造职能。这是在信用中介和支付中介职能的基础上产生的 ④金融服务职能
我国商业银行的主要类型	按资本所有制形式及基本特征，我国目前的商业银行可分为大型国有（控股）商业银行、股份制商业银行、中外合资商业银行和其他类型的商业银行四种

二、政策性银行（表 3-4）

表 3-4　政策性银行

要　　点	内　　容
政策性银行的概念和特点	①政策性银行的概念。政策性银行一般是由政府通过直接出资或担保等形式创立，为贯彻国家产业政策、区域发展政策服务，不以盈利为目标的金融机构 ②政策性银行的特点。政策性银行与商业银行的主要区别是政策性银行一般不面对社会公众吸收存款，而是以财政拨付资金和发行金融债券为主要资金来源。其经营不以盈利为目的，主要考虑国家的整体利益和社会效益，主要服务于对国民经济发展和社会稳定具有重要意义的领域。政策性银行一般不介入竞争性的金融业务
政策性银行的业务	政策性银行的资金来源主要包括政府提供资金、金融市场筹资、国际金融机构筹资及其他筹资。资金筹集的主要特点是资金成本低、期限长、来源渠道固定。政策性银行的资金运用主要包括贷款、投资与担保及其相关的金融服务 ①贷款业务。政策性银行的贷款业务有普通贷款与特别贷款。特别贷款是体现政策性银行政策意图的主要业务，也称为政策性贷款，一般是指由政府给予补贴或担保的贷款 政策性银行在确定贷款对象时主要以社会效益为标准，与商业性贷款相比较，政策性贷款的期限长、额度大、风险高、利率低 ②投资业务。投资业务包括股权投资和债券投资。股权投资是为贯彻政府社会经济发展战略意图，对有必要进行控股的行业或企业进行直接投资。债权投资是政策性银行对符合政府产业政策的企业所发行的中、长期债券的认购。政策性银行认购公司债券在于增加该公司创立和发展所需要的资金，待公司发展成熟时，将债券出售变现，收回投资 ③担保业务。政策性银行的担保业务是指政策性银行为其所支持的融通资金的活动提供信用保证 政策性银行提供的担保形式主要有出口信贷担保、补偿贸易担保、透支担保、延期付款担保、承包工程担保、国际金融机构贷款担保等
我国的政策性银行	我国相继建立国家开发银行、中国进出口银行和中国农业发展银行三家政策性银行，逐步实现了政策性金融业务与商业性金融业务分离，解决了专业银行一身兼二任的问题，割断了政策性贷款与基础货币的直接联系 我国政策性银行的经营原则是：坚持独立核算，自主、保本经营，企业化管理，不与商业银行竞争。政策性银行由国务院直接领导，业务上受中国银监会指导和监督 2007 年以来，我国采用了“一行一策”的灵活模式。2008 年，国家开发银行股份有限公司成立

三、证券公司（表 3-5）

表 3-5　证券公司

要　点	内　容
证券公司概述	证券公司在国外亦称为投资银行。广义的证券公司是指从事证券承销与证券交易、公司理财、企业并购、创业投资、基金管理、投资分析、风险投资、项目融资、金融咨询等业务的非银行金融机构，是资本市场上的主要金融中介。狭义的证券公司是指专门从事初级市场证券承销、二级市场证券经纪和证券自营业务的金融中介机构 在我国，按照业务范围，证券公司分为综合类证券公司与经纪类证券公司
证券公司的主要业务	①证券承销。证券承销是证券公司最本源、最基础的业务活动。通常的承销方式有包销、投标承购、代销三种方式 ②证券经纪交易。证券公司在二级市场中扮演着做市商、经纪商和交易商三重角色 ③证券私募发行。私募发行又称私下发行，就是发行者将证券定向售给有限的机构投资者，如保险公司、共同基金等 ④兼并与收购。企业兼并与收购已经成为现代证券公司除证券承销与经纪业务外最重要的业务组成部分 ⑤项目融资。项目融资是对一个特定的经济单位或项目策划安排的一揽子融资的技术手段，借款者可以只依赖该经济单位的现金流量和所获收益作为还款来源，并以该经济单位的资产作为借款担保 ⑥公司理财。公司理财实际上是证券公司作为客户的金融顾问或经营管理顾问而提供咨询、策划或操作 ⑦基金管理。证券公司可以作为基金的发起人、基金管理者、基金的承销人 ⑧财务顾问与投资咨询。证券公司的财务顾问业务是证券公司所承担的对公司，尤其是上市公司的一系列证券市场业务的策划和咨询业务的总称

四、信用合作社（表 3-6）

表 3-6　信用合作社

要　点	内　容
信用合作社概述	信用合作社是合作制金融组织，是合作经济组织的一种具体形式。合作金融组织是指按照国际通行的合作原则，以股金为资本、以入股者为服务对象、以基本金融业务为经营内容而形成的金融组织 合作社有以下基本原则：自愿和开放的社员原则、社员民主管理原则、社员经济参与原则、自主和自立的原则、教育培训和信息原则、合作社间的合作原则、关心社区的原则。这七条原则可以概述为自愿性、互助性、民主性、非盈利性

（续表 3-6）

要　点	内　容
信用合作社与股份制组织的区别	信用合作社作为合作性的金融组织，与股份制组织的区别主要是： ①入股方式不同。股份制是自上而下控股，合作制为自下而上参股，基层社员为合作社最终所有者 ②经营目标不同。股份制以公司利润最大化为目标，合作制主要为社员提供服务 ③管理方式不同。股份制实行一股一票，大股东控制股权；合作制为一人一票，不论入股多少，权力等同 ④分配方式不同。股份制企业的利润主要用于分红，合作组织的盈利主要用于积累
信用合作社的特征	信用合作社本质特征是：由社员入股组成，实行民主管理，主要为社员提供信用服务 农村信用社是独立的企业法人，以其全部资产对农村信用社的债务承担责任，依法享有民事权利，承担民事责任 农村信用社的主要业务有传统的存款、放款、汇兑等，部分地区的农村信用社先后开办了代理、担保、信用卡等中间业务，尝试开办了票据贴现、外汇交易、电话银行、网上银行等新业务

五、保险公司（表 3–7）

表 3–7　保 险 公 司

要　点	内　容
保险公司的特点	①充当保险基金的管理者和中介人。保险的基本原理是通过风险分担，把单个经济主体无法承担的风险损失平均分摊给其他经济主体，由大家共同承担意外风险造成的损失 ②提供特殊的金融服务产品。保险公司提供金融产品的特殊性在于：第一，产品交换的不同步性。费用支付在先，理赔服务在后，二者之间有一段延迟期，延迟的时间具有不确定性，延迟时间长短与风险发生概率有关。第二，投保与理赔的不对等性。多数人投保之后，并不获得理赔服务，这是保险产品与其他金融产品的最大区别
保险公司的主要类型	保险公司按照承担风险的类型，主要分为人寿与健康保险公司、财产与责任保险公司 ①人寿与健康保险公司。人寿与健康产品一般都具有经济补偿、储蓄、投资三重功能 ②财产与责任保险公司。其产品的功能主要是为投保人转移风险、减少损失

六、金融资产管理公司（表 3-8）

表 3-8　金融资产管理公司

要　点	内　容
金融资产管理公司概述	金融资产管理公司是负责接收、管理、处置银行划转的不良贷款，并以最大限度保全资产、减少损失为主要经营目标的金融企业 金融资产管理公司的基本使命是避免积累了大量不良资产的银行陷入危机之中 金融资产管理公司的核心业务就是资产证券化。资产证券化克服了银行贷款期限长、流动性差的局限，使银行贷款成为流动性的证券。通过资产证券化有利于商业银行调整资产结构，改善资产质量，扩大资金来源，分散信用风险，增加业务收入
我国的金融资产管理公司	我国设立了四家金融资产管理公司。我国金融资产管理公司除了处置商业银行不良资产的任务之外，还同时肩负着推动国有企业改革的使命

七、信托公司（表 3-9）

表 3-9　信 托 公 司

要　点	内　容
信托公司概述	信托公司是指从事信托业务，充当受托人的金融机构。信托公司的业务主要是按照委托人指明的特定目的或要求收受、经理或运用信托资金及信托财产。信托机构通过对各种信托业务的开展，可以向社会提供财产管理、专家理财、资金融通等一系列金融服务 现代信托机构不仅成为金融机构的一个重要分支，而且与银行、保险、证券一同构成现代金融业的四大支柱
信托公司的职能	①财务管理职能。信托公司接受委托人的委托，根据信托条款对受托财产进行财产管理 ②融通资金职能。信托公司在财产事务的管理活动中，具有筹措资金和融通资金的功能 ③沟通协调经济关系职能。信托公司通过业务活动，可以为交易各方建立相互信任的关系，在委托人、受托人、受益人之间建立多边的经济关系 ④社会投资职能。信托业务的开拓与延伸，必然伴随着投资行为的出现
我国的信托机构及其业务	中信公司（集团）是我国改革开放以来成立的第一家规模最大的专业信托投资机构 我国的信托公司可以从事以下部分或全部业务： ①资金信托 ②动产信托 ③不动产信托 ④有价证券信托

（续表 3-9）

要　点	内　容
我国的信托机构及其业务	⑤其他财产或财产权信托 ⑥作为投资基金或者基金管理公司的发起人从事投资基金业务 ⑦经营企业资产的重组、并购及项目融资、公司理财、财务顾问等业务 ⑧受托经营国务院有关部门批准的证券承销业务 ⑨办理居间、咨询、资信调查等业务 ⑩代保管及保管箱业务

八、投资基金（表 3-10）

表 3-10　投 资 基 金

要　点	内　容
投资基金概述	投资基金是将许多中小投资人的货币资金聚集在一起，交由专业经理人运作，为投资人获取收益的一种金融组织形式 基金的运作分两个层次：一是投资者（受益人）通过购买基金受益凭证将资金交基金管理公司运用，此层次既是一种投资行为（因为受益凭证是一种有价证券且可交易），同时又是一种委托行为。二是基金管理公司将资金进行投资运用。基金的投资收益归投资人，基金管理公司向投资人收取手续费和管理费 投资基金当中，有三个重要的角色，分别是基金发起人、基金管理人和基金托管人。基金发起人是指发起设立基金的当事人。基金管理人也称经理人，是指凭借专门的知识与经验，运用所管理的资产，根据法律法规及基金章程的规定，按照投资组合原理进行投资决策，谋求所管理的基金资产不断增值，是基金持有者获取最大收益的当事人。基金托管人是为了保证基金安全，根据资产管理和保管相分离的原则，负责保管基金的当事人。在我国，要求托管人的实收资本不少于 80 亿元，只有大型的商业银行才能满足这一条件
投资基金的分类	（1）根据基金单位是否可以赎回，投资基金分为封闭式基金和开放式基金 开放式基金的优势在于：第一，市场选择性强；第二，流动性好；第三，透明度高；第四，便于投资 （2）根据组织形态不同，投资基金可分为公司型基金和契约型基金 （3）按资金募集方式和来源可分为私募基金和公募基金 （4）按照对投资受益与风险的设定目标划分，投资基金可以分为收益基金、增长基金。收益基金追求投资的定期固定收益，增长基金追求证券的增值潜力 （5）在其他类型的基金当中，还有货币市场基金、对冲基金、养老基金等 货币市场基金是投资于货币市场金融产品的基金，专门从事商业票据、银行承兑汇票、可转让大额定期存单以及其他短期类票据的买卖

（续表 3-10）

要　点	内　容
投资基金的分类	对冲基金是私募基金的一种，是专门为追求高投资收益的投资人设计的基金。其最大的特点是广泛运用期权、期货等金融衍生工具，在股票市场、债券市场和外汇市场进行投机活动，风险极高，在运作成功的条件下，收益也极高 养老基金是一种用于支付退休收入的基金，是社会保障基金的一部分。以实现保值、增值为目的

九、财务公司

财务公司又称金融公司，是为企业技术改造、新产品开发及产品销售提供金融服务，以中、长期金融业务为主的非银行机构。

财务公司主要是通过其对内部的结算功能，利用企业集团内部单位资金运动的时间差、空间差和生产环节差，有效聚集资金，运用信贷杠杆功能，灵活调度、安排资金运用，实现企业集团内部资源优化配置，利用现有的各项金融工具服务于企业集团，成为企业集团的融资中心、结算中心与信贷中心，增强企业集团的经济凝聚力，优化企业集团的经济结构，促进企业集团良性发展。

财务公司可以从事的主要业务有：

（1）对成员单位办理财务和融资顾问、信用签证及相关的咨询、代理业务。

（2）协助成员单位实现交易款项的收付。

（3）经批准的保险代理业务。

（4）对成员单位提供担保。

（5）办理成员单位之间的委托贷款及委托投资。

（6）对成员单位办理票据承兑与贴现。

（7）办理成员单位之间的内部转账结算及相应的结算、清算方案设计。

（8）吸收成员单位的存款。

（9）对成员单位办理贷款及融资租赁。

（10）从事同业拆借。

十、信用担保公司（表 3-11）

表 3-11　信用担保公司

要　点	内　容
信用担保的定义	信用担保是指企业在向银行融通资金或其他相关经济活动过程中，根据合同约定，由第三方机构以保证的方式为债务人提供担保，在债务人不能依约履行债务时，由担保机构承担合同约定的偿还责任，从而保障银行或相关债权人债权实现的一种金融支持方式
信用担保的作用	①降低金融交易成本。即降低金融交易中因信息不对称而产生的交易费的功能 ②共享金融信息。通过信用担保，使正确的、同一的信用信息被金融机构、担保机构和贷款企业共同分析、研究和享用，可以避免信息的偏差，做出科学的决策

（续表 3-11）

要　点	内　容
信用担保的作用	③配置金融资源功能。金融交易的过程是金融资源配置的过程。担保机构搜寻担保对象并向其提供信用担保的过程就是引导金融资源配置的过程 ④分担金融风险。信用担保机构介入金融交易活动实际上扮演了风险承担者的角色，有利于形成一个和谐、稳定的金融制度
担保公司的类型和业务	按照担保机构与政府的关系，可分为政策性担保公司与商业性担保公司；按担保公司的业务范围，可分为融资性担保公司与非融资性担保公司。目前，我国只将融资性担保公司纳入监管体系 经监管部门批准，融资性担保公司可以经营以下部分或全部融资性担保业务： ①贷款担保 ②票据承兑担保 ③贸易融资担保 ④项目融资担保 ⑤信用证担保 ⑥其他融资性担保业务 融资性担保公司不得从事下列活动： ①吸收存款 ②发放贷款 ③受托发放贷款 ④受托投资 ⑤监管部门规定不得从事的其他活动

第四节　金融调控与金融监管机构

一、中央银行（表 3-12）

表 3-12　中 央 银 行

要　点	内　容
中央银行产生的必然性	最早的中央银行是 1668 年成立的瑞典银行，而对当代中央银行发展具有划时代影响的则是 1694 年创办的英格兰银行——英国中央银行 ①统一货币发行。信用货币的发行权走向集中统一，由资金雄厚并且有权威的银行发行能够在全社会流通的统一信用货币 ②解决政府融资 ③保证银行支付。集中各银行的一部分现金作为后盾，在银行出现难以克服的支付困难时，集中给予必要的贷款支付，充当银行的“最后贷款人”

（续表 3-12）

要　点	内　容
中央银行产生的必然性	④建立票据清算中心。快速清算银行间各种票据，从而使资金顺畅流通 ⑤统一金融监管
中央银行的类型	（1）单一式中央银行制度。单一式中央银行制度是指国家建立单独的中央银行机构，使之全面、纯粹地行使中央银行职能的制度。单一式中央银行制度中又有如下两种具体情形： ①一元式。这种体制是在一个国家内只建立一家统一的中央银行，机构设置一般采取总分行制。目前世界上绝大部分国家的中央银行都实行这种体制，我国也是如此 ②二元式。这种体制是在一个国家内建立中央和地方两级中央银行机构，中央级机构是最高权力或管理机构，地方级机构也有其一定独立的权力。根据规定，中央和地方两级中央银行分别行使职权。这是一种带有联邦式特点的中央银行制度，采用这种制度类型的国家有美国、德国等 （2）复合式的中央银行制度。复合式中央银行制度是指国家不单独设立专司中央银行职能的中央银行机构，而是由一家集中央银行与商业银行职能于一身的国家大银行兼行中央银行职能的中央银行制度。这种中央银行制度往往与中央银行初级发展阶段和国家实行计划经济体制相对应，苏联和 1990 年前的多数东欧国家即实行这种制度。我国在 1983 年前也实行这种制度
中央银行的职能	①作为“发行的银行”，中央银行负责在一国范围内发行统一流通的无限法偿货币 ②作为“银行的银行”，中央银行集中保管其他银行的存款准备金、统一进行金融机构之间的票据清算和以最后贷款人的身份给其他商业银行提供再贷款 ③作为“政府的银行”，中央银行代表政府参与国际金融机构的有关活动、代表政府依法制定和实施货币政策、代为经理国库和向政府融通资金
中央银行的业务与调控机理	作为中央银行，中国人民银行办理金融业务的目的是为了执行货币政策，以保证货币政策目标的实现为指导原则 中央银行的金融业务活动可从不同角度分类，根据其业务活动的对象可分为：一是为执行货币政策而开展的业务，体现在中央银行对货币政策工具的运用；二是为金融机构提供服务的业务，包括开立账户，提供结算和清算服务等；三是为政府部门和其他机构提供服务的业务，包括经理国库和代理证券服务 根据中央银行金融业务活动性质，可分为负债业务和资产业务。负债业务主要有集中存款准备金、货币发行和经理国库，资产业务主要有贷款、再贴现、国债买卖与储备占款等

（续表 3-12）

要　点	内　容
中央银行的业务与调控机理	1. 中央银行存款业务及其调控作用 （1）中央银行存款业务与存款准备金政策 中央银行的存款业务包括准备金存款业务、财政性存款业务和特种存款业务 存款准备金制度要求金融机构必须按一般存款的一定比例向人民银行交存法定存款准备金 （2）存款准备金政策的调控作用 ①调节和控制信贷规模，影响货币供应量 ②增强商业银行存款支付和资金清偿能力 ③增强中央银行信贷资金宏观调控能力 2. 中央银行再贴现业务及其调控作用 再贴现是商业银行和其他金融机构持未到期的已贴现票据向中央银行进行票据再转让的一种行为 中央银行再贴现业务的核心是通过调整再贴现率和再贴现条件直接或间接地作用于货币供应量 中央银行再贴现的规模直接影响商业银行及其他金融机构从中央银行的融资数量，从而收缩与扩张货币供应量 中央银行再贴现率的变动，是中央银行宣告其政策意图的一种有效手段。若中央银行调高再贴现率，标志其发出了紧缩银根的信号，社会信用会相应紧缩；反之亦然 中央银行调整再贴现率，会影响商业银行借入资金的成本，使商业银行相应调整向客户放款或贴现的利率，即再贴现率的变动会影响和支配市场利率，从而对信贷规模和货币供应量发挥调控作用 3. 中央银行贷款业务及其调控作用 中央银行贷款是指中央银行对商业银行和其他金融机构提供的再贷款 中央银行再贷款的调控作用体现在以下几个方面： 中央银行通过发放或收回贷款，直接影响金融机构信贷资金增加或减少，所以中央银行变动贷款的数量和结构，可以调节商业银行贷款的规模和结构，最终调控社会货币供应量 中央银行贷款曾是我国实现货币政策目标最重要、最有效的一种间接调控手段 4. 中央银行的公开市场业务及其调控作用 与一般金融机构从事证券买卖不同，中央银行买卖证券的目的不是为了盈利，而是为了调节货币供应量 公开市场业务的优点是对商业银行和其他金融机构的干扰与冲击较小，并且可以连续操作，从而实现平稳、连贯的货币政策效果 公开市场业务的调控作用体现在以下几个方面： （1）调节货币供应量。当中央银行要放松银根时，可在公开市场上买进政府债券或外汇

（续表 3-12）

要　点	内　容
中央银行的业务与调控机理	（2）影响利率。中央银行购进政府证券，直接引起市场上资金供应增加，引起货币市场短期利率下降；反之利率上升 （3）对社会心理预期有明显告示作用。如果中央银行大量买入债券，社会大众意识到中央银行在放松银根，扩张信用，进而预期到利率会继续降低，这使人们一方面增加债券需求，另一方面扩大对信用的需求，使信用迅速扩张，货币供应量增加；反之亦然 5. 中央银行基准利率及其调控作用 基准利率是指中央银行对金融机构的存、贷款利率 基准利率对宏观调控的作用表现在：中央银行通过提高或降低基准利率，影响商业银行借入中央银行资金的成本，进而影响借款企业从商业银行借入资金的成本，抑制或刺激公众对信贷资金的需求，最终导致信贷总量和货币供应量的收缩或扩张
我国的中央银行	我国的中央银行是中国人民银行。在计划经济体制下实行“大一统”和“一身二任”的中央银行体制 我国规定：“中国人民银行是中华人民共和国的中央银行。中国人民银行在国务院领导下，制定和实施货币政策，防范和化解金融风险，维护金融稳定。” 中国人民银行的主要职责是： ①发行人民币，管理人民币流通 ②监督管理银行间同业拆借市场和银行间债券市场 ③实施外汇管理，监督管理外汇市场 ④监督管理黄金市场 ⑤持有、管理、经营国家外汇储备、黄金储备 ⑥经理国库 ⑦维护支付、清算系统的正常运行 ⑧指导部署金融业反洗钱工作，负责反洗钱的资金监测 ⑨负责金融业的统计、调查、分析和预测 ⑩作为国家的中央银行，从事有关国际金融活动 ⑪ 国务院规定的其他职责 2003 年 4 月 26 日，原来中国人民银行行使的大部分监管职能由现在的银监会承担，但中国人民银行依然还是一个金融监管者，对金融机构执行以下监管内容： ①执行有关存款准备金管理规定的行为 ②与中国人民银行特种贷款有关的行为 ③执行有关人民币管理规定的行为 ④执行有关银行间同业拆借市场、银行间债券市场管理规定的行为 ⑤执行有关外汇管理规定的行为 ⑥执行有关黄金管理规定的行为 ⑦代理中国人民银行经理国库的行为 ⑧执行有关清算管理规定的行为 ⑨执行有关反洗钱规定的行为

二、金融监管机构（表 3–13）

金融监管机构是指依法对金融业实施监督与管理的政府金融机构，是金融业监督和管理的主体。

表 3–13　金融监管机构

要　点	内　容
金融监管机构与中央银行的关系	中央银行是最早的金融监管机构，金融监管的要求就是建立中央银行制度的原因之一。当前，尽管中央银行主要职能是制定、实施货币政策，进行金融宏观调控，但依然在履行着一部分金融监管职能，各国的金融监管机构与中央银行有分离的趋势，但中央银行并未完全退出金融监管的舞台 从体制上看，我国的金融监管体制属于“一元多头”，即金融监管权力集中于中央政府，由中央政府设立的金融主管机关和相关机关分别履行金融监管职能，即银监会、证监会、保监会分别监管银行、证券、保险机构及市场，中国人民银行、审计机关、税务机关等分别履行部分国家职能。还规定有金融业的自律监管和社会监管作为辅助监管。自律监管包括金融机构自我监管和行业自律监管，社会监管主要是指中介机构的监管
我国的金融监管机构	我国目前的金融监管机构有中国人民银行、中国银行业监督管理委员会、中国证券监督管理委员会、中国保险监督管理委员会

第四章　金 融 市 场

本章知识体系

金融市场
- 金融市场的分类
- 货币市场
- 资本市场
- 衍生金融市场
- 金融市场的主要指标

第一节　金融市场的分类

一、金融市场的含义

金融市场是指以金融工具为交易对象而形成的供求关系及其交易机制的总和。其一，金融市场是进行金融工具交易的场所。这个场所有时是有形的，有时则是无形的。其二，金融市场反映了金融资产的供给者与需求者之间的供求关系，揭示了资金的归集与传递过程。其三，金融市场包含金融资产交易过程中所产生的各种运行机制，其中最主要的是价格机制。

二、金融市场的类型

（1）按金融商品的融资期限，可将金融市场分为货币市场和资本市场。

（2）按金融交易的性质，可将金融市场分为一级市场和二级市场。

一级市场又称为初级市场或发行市场，是指金融商品的发行者将其发行的票据或证券等金融商品创造出来并首次出售给投资者的市场。二级市场又称为次级市场、交易市场或转让市场，是指已发行的票据或证券进行流通转让的市场。

（3）按金融交易的场所，可将金融市场分为交易所交易市场和场外交易市场。

交易所交易市场又称场内交易市场，是指以证券交易所为中心，有专门的组织机构和人员，有专门设施的交易市场。场外交易市场又称为柜台交易市场，是指在证券交易所之外进行交易所形成的市场。在通常情况下，场外交易市场是无形的。

（4）按金融交易的交割时间，可将金融市场分为即期市场和远期市场。

即期市场是指交易双方在成交后即时进行清算交割（钱货两清）的交易市场。成交日期和交割日期可能不是同一天，但间隔不会过长，通常以数日为限。远期市场是指交易双方达成成交协议后，不立即交割，而是约定在一定时期后，按合同规定的数量和价格进行清算和交割的市场。

期货交易是指在期货交易所买卖标准期货合约的交易行为，而期货合约是期货交易所制订的、具有固定规格并由交易所保证实施的一种标准化远期交易合约。因此，期货交易可看作是一种特殊的远期交易，即标准化的远期交易。在本质上，这两种交易方式是一样的。

（5）按金融交易涉及的地域，可将金融市场分为国内金融市场和国际金融市场。

国内金融市场是在一个国家内部以本国货币表示的资金交易市场，其交易活动要受到本国法规和制度的管制；国际金融市场是国际各种金融业务活动的总称，它的交易活动超越了一国国境，交易的金融商品也不局限于一国的货币，各个国家的货币及一些金融商品都可以进行交易。一种极端的情况是离岸金融市场，在这种市场上，由于交易双方往往都来自所在国（东道国）境外，东道国往往对其监管十分宽松。

（6）按金融交易工具的品种，可将金融市场分为债务融资市场、权益资本市场和衍生金融市场。

进一步说，如果按照具体的金融交易工具，可以分为票据市场、拆借市场、回购市场、CD市场、股票市场、债券市场、黄金市场、外汇市场、保险市场等。

第二节 货币市场

货币市场（表4-1）

表4-1 货币市场

要点	内容
概述	货币市场是专门服务于短期资金融通的金融市场。货币市场的融资工具具有期限短、风险小和流动性强的特点。作为金融市场的重要组成部分，货币市场主要包括票据市场、同业拆借市场、证券回购市场、可转让大额存单市场等
票据市场	票据市场是通过票据的发行、承兑和贴现进行融资活动的货币市场 票据的发行可采取企业自行发行或委托交易商代理发行两种方式。其发行价格通常低于票据面额，即以贴现方式发行 票据的承兑是指票据的付款人承诺在票据到期日支付汇票金额的票据行为。按承兑人的不同，承兑有商业承兑和银行承兑两种。由于银行信用高于普通企业的信用，因而银行承兑比商业承兑更受人信赖 贴现就是持票人为了取得现款，将未到期的承兑票据，以支付自贴现日起至到期日止的利息为条件，向银行所做的票据转让。银行扣减贴息，将票面余额支付给持票人。票据到期后，银行向票据的付款人收回票款 转贴现是商业银行之间进行票据转让的活动，再贴现是商业银行向中央银行所做的票据转让
同业拆借市场	同业拆借市场是除中央银行之外的金融机构之间进行短期资金融通的市场，由资金多余的金融机构对临时资金不足的金融机构进行短期放款。我国同业拆借按期限分为7天（含7天）以内的头寸拆借和7天以上、4个月（含4个月）以内的短期拆借 同业拆借市场的主要特征：同业性、市场准入性、短期性、大额交易、不提交存款准备金

（续表 4-1）

要　　点	内　　容
证券回购市场	证券回购交易是指资金需求者出售中短期证券的同时，与买方约定于未来某一时间以事先确定的价格再将等量的该种证券买回的短期融资方式。通过证券回购交易融通资金的市场就是回购市场 证券回购实际上是一种证券抵押融资。证券出售方以证券为抵押，向放贷者融入短期借款，并在到期还本付息后将抵押的证券购回。证券回购是货币市场上收益较高、流动性较强、风险较低的融资工具 每一笔回购交易完成后，除利息外，交易双方还需付给负责代理交易和结算的证券商和证券交易所一定的佣金。佣金比例根据回购期限的长短而定
可转让大额存单市场	可转让大额存单市场是可转让定期存单的发行和转让市场。可转让定期存单是银行为吸收资金而开出的按一定期限和利率支付本息、具有转让性质的定期存款凭证，英文简称为CD。到期时，持有人可向银行提取本息。到期前，持有人如需现金，可以转让 CD的特点是期限固定、面额较大、到期前可流通转让。CD的利率一般都高于同档次定期存款利率，不办理提前支取，不分段计息，不计逾期利息，是一种兼有活期存款流动性强和定期存款收益性高两方面优点的存款形式
企业短期融资券市场	短期融资券是指具有法人资格的非金融企业在银行间债券市场发行的，约定在1年内还本付息的债务融资工具 短期融资券的发行利率、发行价格和所涉费率以市场化方式确定，投资者应自行判断和承担投资风险

第三节　资 本 市 场

资本市场的主要活动是发行和买卖各种债券、股票，满足政府和企业对长期资金的需要。资本市场融资具有期限长、风险大、收益高的特点，是金融市场的重要组成部分。

一、证券市场概述（表 4-2）

表 4-2　证券市场概述

要　　点	内　　容
证券的概念	证券一般是指有价证券，即具有一定的票面金额，证明持券人有权按期取得一定收入的所有权或债权证书

（续表 4-2）

要　　点	内　　容
证券市场的概念及特征	（1）证券市场的概念 证券市场是有价证券发行与流通的市场，包括证券发行市场和流通市场 （2）借贷市场与证券市场特征的比较 ①在交易性质上，借贷市场的交易形成的是债权债务关系，而证券市场的交易是通过买与卖形成买卖关系 ②交易双方关系的稳定性方面，在借贷市场上合同签订后到清偿前，交易双方的债权债务关系固定不变；而在证券市场上筹资人相对稳定，但其对方即股权所有者或债权人由于证券的转让性却是不固定的 ③在收益来源上，借贷市场上的收益来自于利息；而证券市场上的收益不仅来自于利息或股利，还来自于证券价格波动的差价收益 ④在风险方面，借贷市场上资金供求双方是间接融资关系，风险小但收益低；而证券市场上资金供求双方是直接融资关系，收益高但风险较大
证券市场的参与者	①证券市场的主体。证券市场的主体包括证券发行人和投资者 ②中介机构。包括证券经营机构和证券服务机构 证券经营机构又称证券商，其主要业务有代理证券发行、代理证券买卖或自营证券买卖、证券市场研究及咨询服务等。证券经营机构可分为证券承销商、经纪商、自营商三类 证券服务机构是那些依法设立从事证券服务业务的机构，包括证券登记结算公司、证券投资咨询公司、会计师事务所、律师事务所、信用评级机构、资产评估机构等 ③自律性组织。证券业协会是证券市场的自律性组织 ④监管机构。我国对证券监管的政府机构是国务院领导下的中国证券监督管理委员会

二、证券市场的交易对象（表 4-3）

表 4-3　证券市场的交易对象

要　　点	内　　容
股　　票	（1）股票的定义 股票是股份公司发行的、用以证明投资者的股东身份和权益，并据以获得股息和红利的凭证 （2）股票的分类 ①按照股东权利不同，股票可分为普通股和优先股。优先股是股份公司发行的在分配公司收益和剩余财产时比普通股具有优先权的股票，优先股的优点是收益有保障，因为它的股息是固定的，但缺点是不能像普通股一样参与公司的经营管理 ②按照是否上市交易，股票可分为上市股票和非上市股票。上市股票的流通性相对较强。非上市股票虽然不能在证券交易所买卖，但有些可以在场外交易，只是流通性相对较差 ③根据投资主体的不同，将股票分为国家股、法人股、社会公众股和外资股。近年来，我国绝大多数上市公司已按有关规定进行了股权分置改革，以实现股票的全流通，真正体现“同股同权同利”的原则

（续表 4-3）

要　　点	内　　容
债　　券	（1）债券的定义 债券是政府、企业、金融机构等为筹集资金而发行的约定在一定期限还本付息的有价证券 （2）债券的分类 按照发行主体的不同，债券可分为政府债券、公司债券和金融债券 （3）债券与普通股票之间的区别 ①两者所反映的经济关系不同。债券是债权凭证，反映的是债权债务关系；而股票是所有权凭证，反映的是所有权关系，股东拥有经营参与权 ②两者的期限不同。债券有规定的偿还期，而普通股票对发行者来说是一种永久性的资金，没有偿还期 ③两者的收益不同。债券按照约定的利率取得固定的收益，而股票的收益视公司的经营状况或二级市场价格波动情况而定 ④两者的风险不同。债券的风险相对较小，而投资于股票的风险较大
证券投资基金	（1）证券投资基金的定义 证券投资基金是集中众多投资者的资金，委托专门的机构管理和运用，主要投资于股票、债券等证券的一种收益共享、风险共担的集合证券投资方式 （2）证券投资基金的特点 ①积少成多、规模经营 ②专业性管理 ③分散化投资、分散风险 （3）证券投资基金的分类 ①按组织形态的不同，基金可分为契约型基金和公司型基金 ②根据运作方式的不同，基金可分为封闭式基金和开放式基金。封闭式基金在存续期内不再接受新的投资，投资人也不得向发行机构申请赎回，但可在二级市场上转让。开放式基金指基金的发行总额不固定，可以追加发行。投资者可以请求发行机构赎回，也可以再追加买入该基金
可转换债券	可转换债券指持有者在一定条件下可以将其转换为发行公司股票的债券。债券转换以后持有者的身份也相应发生改变，即由公司的债权人转换为公司的股东。转换条件一般在债券发行时就做出规定，包括转换比例、转换价格和转换期限。转换比例＝可转换债券面额 / 转换价格 债券持有者只有在这一期间才可以行使转换权利，过期不得转换

三、证券发行市场和流通市场（表 4-4）

表 4-4　证券发行市场和流通市场

要　　点	内　　容
证券发行市场	证券发行市场一般没有集中固定的场所，是一种无形市场。证券发行市场的参与者主要包括发行者、认购者和承销者

（续表 4-4）

要　点	内　容
证券发行市场	证券发行方式一般有以下几种分类方式： ①公募发行与私募发行 ②直接发行与间接发行 ③平价发行、溢价发行与折价发行
证券流通市场	证券流通市场主要有证券交易所和场外交易市场两种形式 （1）证券交易所 证券交易所作为固定的、有组织的、专门集中进行证券交易的场所，主要为买卖证券提供场所，为投资者提供多种服务 证券交易所有公司制和会员制两种组织形式。公司制证券交易所是通过发行股票筹集资金组建起来的以盈利为目的的证券交易所。股东大会是最高权力机关，平时则由董事会负责领导和处理各项事务。会员制证券交易所是由若干证券商自愿组成的非盈利性的证券交易所。会员大会是最高权力机关，会员制证券交易所规定只有会员才能进入交易所大厅进行证券交易，一般投资者只能委托会员作为经纪人间接交易 （2）场外交易市场 场外交易市场的特征： ①场外交易市场是一个分散的无形市场，它没有固定的、集中的交易场所 ②组织方式采取做市商制，而不是经纪制，投资者直接与证券商进行交易 ③交易的证券种类繁多，以未能在证券交易所批准上市的股票和债券为主 ④以议价方式进行证券交易，证券买卖采取一对一的交易方式，其价格决定机制不是公开竞价，而是买卖双方协商议价 ⑤管理上比证券交易所宽松

四、证券交易程序（表 4-5）

一般来说，证券交易主要分开户、委托、成交、交割和过户等步骤。

表 4-5　证券交易程序

要　点	内　容
开　户	投资者欲进行证券交易，首先要开设证券账户和资金账户。证券账户是证券登记结算机构用于记载投资者持有的证券种类、名称、数量及相应权益和变动情况的账册，是证明股东身份的重要凭证。开立证券账户后，投资者还要选择一家证券营业部开立资金账户才能委托买卖股票。资金账户用于记录投资者资金的余额及变动情况 上海证券交易所（以下简称“上交所”）开始实行全面指定交易制度。全面指定交易制度是指凡在上交所交易市场从事证券交易的投资者，均应事先明确指定一家证券营业部作为其委托、交易清算的代理机构，指定该机构为其买卖证券的唯一交易点后方能进行交易的制度 深圳证券交易所（以下简称“深交所”）实行的是托管券商制度。托管券商制度是指在深交所交易市场的投资者持有的证券需在其选定的证券营业部托管，由该营业部管理其名下的证券详细资料的制度。该制度实行随处通买、自动托管，即投资者可以利用同一证券账户在任何一家营业部买入证券，但都自动托管在其选定的这家营业部

（续表 4-5）

要　点	内　容
委　托	开户后，投资者就可以在证券营业部办理证券委托买卖。按委托价格分，委托指令有市价委托和限价委托两种。市价委托是指投资者发出委托指令时，要求经纪商按当时的市场价格买进或卖出某种证券。限价委托是指投资者发出委托指令时，要求经纪商按限定的价格或更有利的价格买卖某种证券 在委托未成交之前，委托人有权变更和撤销委托，冻结的资金或证券及时解冻。而一旦竞价成交，买卖即告成立，成交部分不得撤单
竞价成交	证券竞价交易按价格优先、时间优先的原则撮合成交 证券竞价交易采用集合竞价和连续竞价两种方式。集合竞价是指对一段时间内接受的买卖申报一次性集中撮合的竞价方式。连续竞价是指对买卖申报逐笔连续撮合的竞价方式。上海证券交易所没有实行收盘集合竞价 在集合竞价时，成交价的确定原则为： ①可实现最大成交量 ②高于该价格的买入申报与低于该价格的卖出申报全部成交 ③与该价格相同的买方或卖方至少有一方全部成交 在连续竞价时，成交价的确定原则为: ①最高买入申报与最低卖出申报价格相同，以该价格为成交价 ②买入申报价格高于集中申报簿当时最低卖出申报价格时，以集中申报簿当时的最低卖出申报价格为成交价 ③卖出申报价格低于集中申报簿当时最高买入申报价格时，以集中申报簿当时的最高买入申报价格为成交价 我国对股票、基金交易实行价格涨跌幅限制。在一个交易日内，涨跌幅限制比例为 10%，ST 和 *ST 等被实施特别处理的股票价格涨跌幅限制比例为 5%，但股票上市首日不实行价格涨跌幅限制 涨跌幅限制价格的计算公式为: 涨跌幅限制价格＝前收盘价 ×（1± 涨跌幅限制比例）
清算、交割与过户	清算是由证券登记结算机构对每一营业日成交的证券与价款分别予以轧抵，计算证券和资金的应收或应付净额的处理过程。按照“净额交收”的原则办理证券和价款的交割 交割是证券买卖双方成交后，在规定的时间内收付应收应付款项和证券的过程 证券买卖成交后，办理变更股东或债权人名簿记载的手续称为过户

五、证券交易费用（表 4-6）

投资者买卖证券应支付各种费用和税金，包括委托手续费、佣金、印花税、过户费等。

表 4-6　证券交易费用

要　　点	内　　容
委托手续费	该项费用一般按委托的笔数计算，由证券经营机构根据需要收取，没有统一的标准
佣　　金	佣金是投资者按证券买卖成交金额的一定比例支付的用于证券经营机构经纪费、证券交易所交易经手费及管理机构监管费等方面开支的费用
印花税	印花税是根据国家税法在股票成交后，对买卖双方投资者按照规定的税率分别征收的税金。由证券经营机构代扣代缴
过户费	过户费是股票、基金的交易双方买卖成交后为变更股权登记所支付的费用，属于证券登记清算机构的收入，由证券经营机构代为扣收

第四节　衍生金融市场

一、衍生金融工具概述

衍生金融市场是指衍生金融工具交易所形成的市场。衍生金融工具是由基础性金融工具衍生出来的、其价格对基础性金融工具有依赖关系的各种金融合约的总称。而基础性金融工具主要包括货币、利率工具（如债券、商业票据、存单等）和股票等。

从交易机制上看，衍生金融工具主要有远期、期货、期权、互换等品种。与基础金融工具相比，这些衍生金融工具主要有以下特点。

（1）衍生金融工具的性质复杂。

（2）衍生金融工具的交易成本较低。

（3）衍生金融工具具有较高的财务杠杆作用，投资风险较大。

（4）运用衍生金融工具易于形成所需要的资产组合。

二、金融远期合约

金融远期合约，是指交易双方约定在未来某一确定时间，按照事先商定的价格（如汇率、利率或股票价格等），以预先确定的方式买卖一定数量的某种金融资产的合约。

金融远期合约主要有远期外汇合约、远期利率协议和远期股票合约等。

远期利率协议交易的本金不用交付，利率按差额结算。

三、金融期货（表 4–7）

表 4–7　金融期货

要　点	内　容
金融期货的特点	金融期货合约是指协议双方约定在将来某一特定的时间按约定的条件（包括价格、交割地点、交割方式）买入或卖出一定标准数量的某种特定金融工具的标准化协议。金融期货交易一般具有以下几个方面的特点： ①间接清算制。期货合约均在交易所进行，交易双方不直接接触，而是各自跟交易所的清算部或专设的清算公司结算 ②合约标准化。期货合约的合约规模、交割日期、交割地点等都是标准化的，即在合约上有明确的规定，无须双方再商定 ③灵活性。期货合约的买者或卖者可在交割日之间采取对冲交易结束其期货头寸（即平仓），而无须进行最后的实物交割 ④逐日盯市制。期货交易不是到期一次性结算，而是每日进行结算。每天交易结束时，清算公司都要根据期货价格的涨跌对每个交易者的保证金账户进行调整，以反映投资者的浮动盈亏，这就是所谓的"盯市"
金融期货的品种	按照标的物的不同，期货主要可分为商品期货和金融期货两大类，商品期货又主要可分为农产品、金属和能源类期货，金融期货则包括外汇期货、利率期货和股价指数期货三类 与一般的期货品种相比，股价指数期货是一种非常特殊的交易品种。股价指数期货交易的特点： ①交易的对象是股价指数。一般是投资者公认的、具有权威性和代表性的股价指数 ②成交签约与交割不同时进行，是一种期货交易 ③交易价格以"点"来计算和表示。可以设定为每个点 10 元或 100 元等 ④一般按季确定交割时间 ⑤以现金方式进行交割，即按成交日和交割日股价指数变化计算的金额差额支付结算
金融期货的交易方式	进行期货交易的目的：一是保值，避免证券价格变动带来的风险。其基本做法是首先在证券市场上买进或卖出某种证券，随后又以期货方式卖出或买进该种证券，通过同种证券的多头交易和空头交易，防止该证券价格变动造成的损失。二是投机。由于期货交易和现货交易价格往往不一致，因此，投资者可利用多头交易和空头交易进行证券投机活动 ①多头交易。多头交易又称"买空"，即预期某证券的价格将要上涨，先以期货合同预约买进，等交割时再高价卖出，从中获取差价 ②空头交易。空头交易又称为"卖空"，即预期某证券价格将要下跌，先订立期货合同按现有价格卖出，等该证券价格下跌以后再买进，从而获取高卖低买之间的差价 期货合同签订后，在成交日到交割日的时间里，买卖双方都可不断地进行转手，但在交割日时，最后的购买者必须按原定价格和数量接受买入的证券，出售者也必须按原定价格和数量交出所卖的证券，而不管当时的证券行情如何变化，这是双方的义务

四、金融期权

期权也称为选择权，是指赋予其购买者在规定期限内按交易双方约定的价格买进或卖出一定数量证券的权利。这种交易的直接对象不是证券，而是买卖证券的权利。

购买期权的人要向出售期权者支付一定的期权费，期权费也称为期权价格。以下为影响期权价格的主要因素。

（1）期权合同的有效期长短。期限越长，期权价格越高。

（2）证券行情变化趋势。行情看涨，则看涨期权的价格要高，看跌期权的价格要低。

（3）不同证券价格的波动程度。波动幅度大，期权价格相对要高。

期权交易的种类主要有看涨期权交易、看跌期权交易、双向期权交易等，详见表 4-8。

表 4-8　金融期权交易种类

要　　点	内　　容
看涨期权交易	看涨期权又称为买进期权，是期权购买者预期未来某证券价格将上涨，而与他人订立买进合约，并支付期权费购买在一定时期内按合约规定的价格和数量买进该证券的权利。如未行使，投资者损失的仅是期权费
看跌期权交易	看跌期权又称为卖出期权，是期权购买者预期未来某证券价格将下跌，而与他人订立卖出合约，并支付期权费购买在一定时期内按合约规定的价格和数量卖出该证券给对方的权利
双向期权交易	双向期权即投资者在同一时间既购买某种证券的看涨期权，又购买该证券的看跌期权。投资者在价格趋势预测不准时，可以购买双向期权。购买双向期权的获利机会多，但期权费用也较高

第五节　金融市场的主要指标

一、货币市场的主要指标（表 4-9）

表 4-9　货币市场的主要指标

要　　点	内　　容
贴现率	贴现率是办理贴现时贴付利息的比率，其公式为： $$\text{贴现率（年率）}=\frac{\text{贴现利息}}{\text{票面金额}}\times\frac{360}{\text{未到期天数}}\times 100\%$$
同业拆借利率	同业拆借利率是一定期限的拆借利息与拆借本金的比率，具体计算时要与拆借的期限相一致。其公式为：

（续表 4-9）

要　　点	内　　容
同业拆借利率	$$拆借利率（年率）=\frac{拆借利息}{拆借本金}\times\frac{360}{拆借天数}\times 100\%$$ 在同业拆借市场每一个交易日结束后，交易中心要公布当日的同业拆借利率行情，其中最主要的是全国银行间拆借市场利率，即 CHIBOR
国债回购交易利率	国债回购交易利率是指一定时期的国债回购交易利息与其本金的比率，公式为： $$回购利率（年率）=\frac{到期利息}{本金}\times\frac{360}{融资天数}\times 100\%$$ 银行利率、股市行情是影响国债回购利率变动的主要因素。其中，银行利率对国债回购交易利率的长期变动起决定作用，两者呈同方向变动。股市行情对国债回购利率的短期变动起直接作用，国债回购利率的短期升降与股市行情的涨跌呈同方向变动。在正常情况下，一周之内每周五因临近双休日，国债回购利率会有所下降；一年之内 12 月下旬因金融机构年末轧账需要，市场资金短缺，国债回购利率会上升

二、资本市场的主要指标（表 4–10）

表 4-10　资本市场的主要指标

要　　点	内　　容
债券价格及其收益率	（1）债券发行价格 债券发行价格是发行者将债券出售给初始购买者的价格。按照与债券面额的关系，债券发行价格可分为平价、溢价和折价发行三种 （2）债券交易价格 债券交易价格即债券的市场价格、实际成交的价格，是债券发行后在流通市场上投资者之间买卖转让的价格，也称为债券的行市。债券交易价格的高低，除了与债券的面额、票面利率、期限相联系外，还受市场利率、债券的供求状况、经济发展情况等因素的影响 （3）债券收益率 衡量债券收益的指标主要有票面收益率、当期收益率、到期收益率 ①票面收益率。票面收益率是指债券票面上标明的收益率 $$贴现债券票面收益率=\frac{票面额-发行价}{发行价\times 债券期限}\times 100\%$$ ②当期收益率。当期收益率即用债券的票面收益除以债券当时的市场价格而得出的收益率 $$当期收益率=\frac{债券面额\times 票面收益率}{债券市场价格}\times 100\%$$

（续表 4-10）

<table>
<tr><th>要　　点</th><th>内　　容</th></tr>
<tr><td>债券价格及其收益率</td><td>③持有期收益率。持有期收益率是指债券持有人在持有期间获得的收益率，能综合反映债券持有期间的利息收入情况和资本损益水平
$$持有期收益率=\frac{债券持有期间的利息收入+（债券卖出价-债券买入价）}{债券买入价}\times 100\%$$</td></tr>
<tr><td>股市行情的基本指标</td><td>（1）价格指标
①开盘价与收盘价。股票的开盘价为当日该股票的第一笔成交价。目前，我国股市在每个交易日的 9:15 至 9:25 为开盘集合竞价时间，股票的开盘价通过集合竞价方式产生，不能产生开盘价的，以连续竞价方式产生。但是，我国沪、深两市对收盘价的确定有不同的方式
②最高价、最低价、最新价。最高价是指某股票在某一交易时期成交的最高价格。最低价是指某股票在某一交易时期成交的最低价格。最新价是指某股票最近一笔成交的价格，又称时价或现价
③买入价与卖出价。买入价是指投资者委托买入某股票的申报价格，卖出价是指投资者委托卖出某股票的申报价格
④涨跌、涨跌幅。涨跌是指某股票的最新价与上一交易日收盘价的差额。涨跌幅是指某股票的涨跌与上一交易日收盘价的比率
（2）数量指标
①买手与卖手。买手是指在交易所营业时间内不同时刻委托买入股票的总手数。每手为 100 股。卖手是指在交易所营业时间内不同时刻委托卖出股票的总手数
②成交量。成交量是指股票在一定时期内成交的数量。它可以表示某只股票的成交数量，也可以表示全部股票的成交数量
③成交额。成交额是指股票在一定时期内成交的金额，它是成交量与成交价格的乘积或是多个乘积的累加
④换手率。换手率是指某一交易日（或周、月、年）某只股票的成交量占其上市流通量的比例</td></tr>
<tr><td>股票价格指数</td><td>（1）股价指数
股票价格指数是即期（计算期或报告期）股价与基期股价相比的相对变化数，简称股价指数。它是表示多种股票平均价格及其变动趋势，用以衡量股市行情的指标
（2）我国主要的股价指数
①上证综合指数。上证综合指数是上交所编制并公布的以其全部上市股票为样本的股价指数
②深证综合指数。深证综合指数是深交所编制并公布的以其全部上市股票为样本的股价指数
③沪深 300 指数。沪深 300 指数是由上海和深圳证券市场中选取 300 只 A 股作为样本编制而成的成份股指数</td></tr>
</table>

（续表 4-10）

要　　点	内　　容
股票价格指数	④上证 180 指数。上证 180 指数是上交所编制的以在上交所上市的 180 种有代表性的股票为样本的股价指数 ⑤深证成份股指数。深证成份股指数是深交所编制的以在深交所上市的 40 家有代表性的股票为样本的股价指数 ⑥恒生指数。恒生指数由在香港上市的 33 种有代表性的股票组成 （3）世界主要的股票价格指数 ①道·琼斯股价指数。反映纽约证券交易所行情变化的股票价格平均指数，是世界上历史最悠久、影响最大、久负盛名的股价指数 ②《金融时报》股价指数。反映伦敦证券交易所股市行情的股价指数 ③日经股价指数。反映日本股市价格变动的股价指数
市盈率	市盈率又称为本益比或股价收益率，是股票的市场价格与其每股税后利润之比。即： $$市盈率=\frac{股价}{每股税后利润}$$ 市盈率小的股票，说明相对于公司的盈利水平其股价是比较低的，该股票增息和股价上涨的潜力比较大，是优良股，投资的风险较低；反之则风险较高

第五章　金融企业的资本与负债业务

本章知识体系

金融企业的资本与负债业务
- 金融企业的资本
- 我国金融企业的存款负债
- 金融企业的借入负债业务

第一节　金融企业的资本

在中华人民共和国境内依法成立的各类金融企业主要有商业银行、信用社、保险公司、证券公司、信托公司、基金管理公司、租赁公司、财务公司等，其中，商业银行占主体地位，它们和其他工商企业一样依法独立经营，自负盈亏。

一、资本的概念与职能（表 5-1）

表 5-1　资本的概念与职能

要　点	内　容
资本的概念	商业银行的资本是指商业银行的投资人投入的资产，代表股东的权益。在商业银行的资金来源中，资本具有铺底的性质，是其可独立运用的最可靠、最稳定的资金来源。充足的资本不仅是商业银行经营的基础和流动性的保证，也是商业银行抵御各类风险的最后屏障 商业银行利用自己的信用发行的符合规定期限的债券也可在一定程度上充当资本的职能，它是一种介于对外负债和发行股票之间的债务，这是商业银行额外的债务资本 与资本金相关的概念还包括最低资本、注册资本、发行资本和实收资本。最低资本是按照有关法律规定建立商业银行要求达到的最低资本额。注册资本是金融企业设立时，在其章程中注明的向政府主管机关登记注册的资金。注册资本必须等于或大于最低资本。发行资本是商业银行筹集资本的预定总额，发行资本不能超出注册资本。实收资本是投资人实际投入的预付资金，如果投资人全部资金投入到位，则实收资本总额等于发行资本。按照我国商业银行法规定，注册资本应等于实收资本

（续表 5-1）

要　点	内　容
资本的概念	《中华人民共和国商业银行法》规定，设立全国性商业银行的注册资本最低限额为 10 亿元人民币，设立城市商业银行的注册资本最低限额为 1 亿元人民币，设立农村合作商业银行的注册资本最低限额为 5000 万元人民币
资本的职能	商业银行的资本，主要是产权资本，通常发挥着营业、保护和管理的职能 ①营业职能。市场经济条件下，任何生产都从一定的资金开始，并以收回增殖的资金为目的 ②保护职能。资本的一大用途是弥补商业银行的经营亏损。资本金是商业银行安全经营、维护自身良好信誉的最后屏障 ③管理职能。资本金的管理职能，是指监管当局通过系列资本监管指标加强对商业银行的监督管理以及商业银行自身加强资本金管理以满足监管机构规定的资本充足要求

二、“巴塞尔协议”及其对我国银行业资本金管理的影响（表 5-2）

表 5-2　“巴塞尔协议”及其对我国银行业资本金管理的影响

要　点	内　容
“巴塞尔协议”的目的	“巴塞尔协议”制定的目的是，通过制定商业银行资本和风险资产间的比例关系，确定统一的计算方法和标准，达到加强国际银行体系健康、稳定发展的目标，同时通过确立公平的资本充足率标准，消除国际银行间存在的不平等竞争
1988 年的“巴塞尔协议”的主要内容	“巴塞尔协议”共分四大部分，即资本的构成、资产风险权重、资本标准比率的目标、过渡时期及实施安排 ①“巴塞尔协议”明确将资本分为两类。其一是核心资本，又称为一级资本。这类资本主要包括实收股本（普通股、非积累优先股）和公开储备（未分配利润、盈余公积、资本公积）等。其二是附属资本，又称二级资本、补充资本或辅助资本。这类资本包括普通准备金（呆账准备金、投资风险准备金）和长期次级债务（发行的长期金融债券）等 ②“巴塞尔协议”确定了风险加权制，一是确定资产负债表内的资产风险权数，二是确定资产负债表外项目的风险权数，以此再与资产负债表内与该项业务对应项目的风险权数相乘，作为表外项目的风险权数 ③“巴塞尔协议”还规定到 1992 年年底过渡时期结束后，商业银行的资本充足率（资本净额/加权风险资产总额）最低标准要达到 8%，其计算公式为: 资本充足率 = 资本 / 风险资产 = （核心资本 + 附属资本）/ ∑（资产 × 风险权数） 其中核心资本与全部风险资产的比率至少为 4%，附属资本不能超过总资本的 50%

（续表 5-2）

要　点	内　容
“巴塞尔协议”的修正、补充和完善	新资本协议对原巴塞尔协议做了四个方面的修改：其一，在防范风险上除了保持对资本金的要求外，还提出了加强监管当局的监督检查和市场约束；其二，将信用风险、市场风险、操作风险等主要风险都涵盖在考核之中，从而对资本充足率提出了更高要求；其三，对信用风险的衡量及风险资产的标准计算方法、权重设计的原则做了重大修改；其四，鼓励银行采用避险手段

三、我国商业银行资本的构成与筹集（表 5-3）

表 5-3　我国商业银行资本的构成与筹集

要　点	内　容
资本的构成	按照巴塞尔协议Ⅲ和银监会的规定，商业银行的资本分为核心一级资本、其他一级资本和二级资本。核心一级资本包括实收资本或普通股、资本公积、盈余公积、一般风险准备、未分配利润和少数股东资本可计入部分。其他一级资本包括其他一级资本工具及其溢价和少数股东资本可计入部分，其中，其他一级资本工具主要由优先股和混合一级资本债构成。目前，我国银行业尚未推出其他一级资本工具。二级资本包括二级资本工具及其溢价、超额贷款损失准备和少数股东资本可计入部分，其中，二级资本工具主要包括次级债、可转债和二级资本债。目前，我国银行业二级资本工具仅包括次级债、可转债等
影响资本需要量的因素	①经济环境因素。经济繁荣、生产发展、社会对未来充满信心、金融市场发达，资本需要相对较少 ②信誉因素。商誉较高的商业银行，资本保持量可相对较低 ③经营因素。经营规模越大，固定资产设备占用的资金越多，资本需要量也越大，资产质量较高，所需资本量就少。不同种类的负债具有不同的稳定性，稳定性差，则需较多的资本储备来保证流动性需求 ④法律制度因素。有关法律制度会直接或间接地影响金融企业资本的需要量
筹集资本的途径、方式及其比较	（1）内部筹集资本。商业银行从内部筹集资本有很多优点： ①不必依靠市场筹集资金，可以节省发行费用，因而成本较低 ②不会使股东控制权削弱，避免了股东所有权的稀释和所持有股票的每股收益的稀释 ③股东免缴个人所得税等。内部筹集资本是金融企业充实资本最便捷、最廉价的方式 商业银行从内部筹集资本仍然存在限制，这表现在： ①收益留成的可能性要取决于经营收益的多少和收益分配政策 ②收益留成受成本制约，其成本体现为两点：一是当前不分而留待将来分红的现金价值要低于当前分红的同额现金价值，二是较低的现金分红可能引起股价下跌。在保持股息稳定的情况下，利率和税率又是影响股东制定收益留存率的主要因素

（续表 5-3）

要　　点	内　　容
筹集资本的途径、方式及其比较	（2）外部筹集资本。商业银行从外部筹集资本主要采用发行普通股、优先股、资本性债券等方式实现 以发行普通股方式筹资具有的优点： ①无固定的股息负担 ②无固定的偿还期 ③资本筹集相对容易且普通股数量越多，债权人的保障程度就越高，商业银行自身的信誉也就越好 以发行优先股方式筹资的优点： ①既可增加资本，又不分散原股东控制权 ②不承担固定的债务负担 ③使普通股股东获得杠杆作用效益 ④当企业破产清算时，如果没有剩余财产，还可不归还这部分资本 以发行资本性债券的方式筹资的优点： ①不分散原有股东的控制权 ②发行手续相对简便 ③发行费用较低 ④债务利息一般固定、税前支出，所筹资金不缴纳存款准备金 我国金融企业外部筹集常用的方式：国家财政拨款、发行长期资本债券

第二节　我国金融企业的存款负债

负债是商业银行在业务经营活动中所产生的尚未偿还的经济义务。商业银行主要通过吸收存款来发放贷款和开展其他资产业务，存款是商业银行的主要资金来源渠道。

一、存款的意义和种类（表 5-4）

表 5-4　存款的意义和种类

要　　点	内　　容
存款的意义	存款是商业银行以信用方式聚集起来的社会各部门暂时闲置的货币资金和城乡居民的生活节余及待用款项。组织存款是金融企业赖以存在和借以发挥其职能作用的基础 存款对于商业银行经营的意义表现在以下几个方面： ①存款是商业银行产生和发展的基础 ②信用中介和支付中介职能以存款为重要支柱和经济基础 ③存款规模决定贷款规模和竞争实力 ④存款是商业银行签发信用流通工具和信用创造的基础

（续表 5-4）

要　点	内　容
存款的种类	商业银行的存款负债，称为被动型负债 我国按所有者的归属来划分存款种类，如商业银行将存款分为企业存款、储蓄存款和财政性存款等 商业银行的存款种类有单位定期存款、单位协定存款、单位通知存款、单位活期存款、同业存款、储蓄存款、财政性存款以及外币存款等 （1）单位定期存款 单位定期存款是指存款单位与商业银行双方在存款时事先约定期限、利率、到期后支取本息的存款。存款人支取定期存款只能以转账方式将存款转入其基本存款账户，不得将定期存款用于结算或从定期存款账户中提取现金。定期存款因利率较高，可以为存款人带来更多的利息收入，并不需缴纳利息收入所得税 （2）单位协定存款 单位协定存款是指存款单位与商业银行通过签订《协定存款合同》，约定合同期限、协商确定结算账户需要保留的基本存款额度，超过基本存款额度的存款为协定存款，基本存款按活期存款利率付息，协定存款按中国人民银行规定的上浮利率计付利息的一种存款种类。协定存款既有一般结算账户的结算便利，又能享受比一般活期存款高的利息收入，可使存款单位在保证日常收支资金往来需要的同时获取较高的收益。协定存款兼具流动性和收益性，适合于资金结算频率高、流量大的企事业单位客户。协定存款账户视同结算账户使用，不得透支 （3）单位活期存款 单位活期存款是指存款单位在商业银行开立结算账户，办理不规定存期、可随时转账和存取的存款。活期存款是企业生产周转过程中暂时闲置的资金，是商业银行最重要的资金来源之一 单位活期存款账户是存款人在金融企业开立一个办理资金收付结算的账户，该账户按用途分为基本存款账户、一般存款账户、临时存款账户和专用存款账户。一个单位只能在银行开立一个基本存款账户。存款单位的工资、奖金等现金的支取，只能通过本账户办理。一般存款账户是指存款人因借款或其他结算需要，在基本存款账户开户行以外的营业机构开立的结算账户。专用存款账户是指存款人按照法律、行政法规和规章，对其特定用途资金进行专项管理和使用而开立的结算账户。临时存款账户是指存款人因临时需要并在规定期限内使用而开立的结算账户。存款人开立基本存款账户、临时存款账户和预算单位开立专用存款账户实行核准制度，但存款人因注册验资需要开立的临时存款账户除外 （4）单位通知存款 单位通知存款是指存款人在存入款项时不约定存期，支取时需提前通知商业银行，约定支取存款日期和金额方能支取的存款

（续表 5-4）

要　点	内　容
存款的种类	单位通知存款不论实际存期多长，按存款人提前通知的期限长短划分为 1 天通知存款和 7 天通知存款两个品种。单位通知存款起存金额为 50 万元，最低支取金额为 10 万元，需一次存入，一次或分次支取 （5）金融机构同业存款 金融机构同业存款是指各商业银行、信用社以及证券公司、财务公司、信托公司等金融机构之间为了方便清算而开立结算账户并保持一定资金而形成的存款。该存款便于金融同业之间的资金结算，方便、快捷，还可以获得利息 （6）财政性存款 财政性存款是财政预算资金以及与财政预算资金直接联系的各项资金在商业银行形成的存款。这种存款来源于财政集中起来的待分配、待使用的国民收入，属于暂时尚未支用的国家（地方）财力。商业银行代理的财政性存款都需 100% 划缴中国人民银行。商业银行代理人民银行吸收的财政性存款，包括中央预算收入、地方预算收入、特种预算存款、中央财政贴息资金、地方财政贴息资金等 （7）储蓄存款 储蓄存款是指个人将属于其所有的人民币或者外币存入储蓄机构，储蓄机构开具存折或者存单作为凭证，个人凭存折或者存单可以支取存款本金和利息，储蓄机构依照规定支付存款本金和利息的活动 （8）外币存款 外币存款是指以可自由兑换的境外货币表示的银行各种存款，主要有外币的活期存款、储蓄存款和定期存款等 个人的外币储蓄存款包括外币活期储蓄存款和外币整存整取定期储蓄存款。同时，外币存款还按照金额大小分为小额外币存款和大额外币存款。大额外币存款的基准利率和最高利率以国际金融市场同业拆借利率（LIBOR）为基准，参照银行业协会和同业的利率水平进行调整。小额外币存款利率按银行业协会的规定执行 （9）结构性存款 结构性存款是近年来金融创新中推出的存款品种，通常是指在客户普通存款的基础上嵌入某种金融衍生工具（主要是各类期权），通过与利率、汇率、指数等的波动挂钩或与某实体的信用情况挂钩，从而使存款人在承受一定风险的基础上获得较高收益的业务产品。它是一个结合固定收益产品与选择权组合形式的产品交易。具有高风险、高收益的特征

二、我国金融企业存款的管理（表 5-5）

表 5-5　我国金融企业存款的管理

要　点	内　容
对公存款的管理	单位的存款账户有四种：基本存款账户、一般存款账户、临时存款账户、专用存款账户 各单位之间的经济往来，除按现金使用规定使用现金外，都必须通过银行进行转账结算。所有开户单位在经济往来中不得拒收支票、银行汇票和银行本票。作为全国各部门经济活动的结算支付中心，金融企业办理转账结算时必须贯彻恪守信用、履约付款，谁的钱进谁的账、由谁支配以及不垫款的三项原则 一个开户单位只能在商业银行开立一个基本存款账户，办理现金收付业务。临时存款账户和专用存款账户需要支付现金的，必须严格执行有关规定。商业银行根据开户单位的实际需要核定其库存现金限额，其库存现金一般不得超过本单位 3 ～ 5 天的日常零星开支所需要的现金。交通不便地区或边远地区的单位，可以多于 5 天，但不得超过 15 天的日常零星开支。开户单位超过库存限额的现金必须当日送存。开户单位支付现金，可以从本单位库存现金中支付或从开户银行提取，一般不允许从本单位现金收入中坐支
财政性存款的管理	财政性存款的管理是由中央银行总行统一计划、分级实施、统一使用的 财政性存款是中央银行的资金来源，作为中央银行支配的资金，具有高能货币的性质，可以使货币总量倍数扩张或收缩，因其对货币供应和社会信用总量存在极大影响，中央银行对财政性存款实行统一管理
储蓄存款的管理	我国对公民储蓄实行保护和鼓励的政策。“存款自愿，取款自由，存款有息，为存款人保密”的原则是我国金融企业管理储蓄存款的基本原则 ①存款自愿。存款自愿是指参加储蓄必须出于存款人自愿 ②取款自由。取款自由是指存款人对自己的存款可以随时提取，取款时间、取款金额和取款用途完全由自己决定 ③存款有息。存款有息是指金融企业对各类储蓄存款，无论金额的多少、存期的长短，都要按照中国人民银行规定的利率，付给存款人一定的利息 ④为存款人保密。为存款人保密是指商业银行对存款人的姓名、地址、存款金额、存款种类、支取时间等都要严格保密，一般不得向任何单位和个人泄露 商业银行有权拒绝任何单位或个人对个人储蓄存款的查询、冻结、扣划（法律另有规定的除外）
存款成本的管理	存款成本是商业银行筹集资金来源的付出，成本高低直接关系到商业银行的经营管理绩效和经营效益的好坏 （1）存款成本的有关概念 ①利息成本

（续表 5-5）

要　　点	内　　容
存款成本的管理	②营业成本。也称为服务成本，指除利息以外的其他成本 ③资金成本。指商业银行为吸收存款而支付的所有费用，即利息成本与营业成本之和。公式为： 资金成本率 = [（利息成本 + 营业成本）/ 全部存款资金] × 100% ④可用资金成本。指商业银行可用资金应负担的全部成本，即扣除资金来源中不能运用于盈利性资产的部分。公式为： 可用资金成本率 = [（利息成本 + 营业成本）/（全部存款 − 法定准备金 − 支付准备金）] × 100% （2）存款成本管理 成本管理的目的是使存款经营以最小的支出，达到吸收存款的最佳规模效益

三、影响商业银行存款量的因素（表 5–6）

表 5–6　影响商业银行存款量的因素

要　　点	内　　容
影响存款总量变动的因素	①社会经济发展水平。经济高速发展时期，存款会大幅度上升 ②国家金融法规。规定金融业务的范围，规定金融企业的设置等，都会对存款量产生影响 ③中央银行的货币政策。实行严格的货币政策，存款总规模缩小 ④物价上升水平。如果物价上升水平高于存款利率的提高水平，银行储蓄存款量降低的可能性较大 ⑤存款利率
影响单个银行存款量变动的因素	①服务项目和服务质量 ②存款的种类与方式 除以上外，商业银行的资产规模、信誉以及对客户的放款业务等，也是影响其吸收存款的重要因素

第三节　金融企业的借入负债业务

借入负债的业务包括同业借款、向中央银行融通资金、回购协议、向国际金融市场借款、占用短期资金、发行金融债券等方式。其中，发行金融债券主要是筹集长期资金，以满足商业银行投资或长期贷款的需要，而其他筹集的都是期限较短的资金，是商业银行临时性资金短缺时增加的负债，其目的是保证流动性需要，防范流动性风险。

一、同业借款（表 5–7）

表 5-7 同业借款

要点	内容
同业拆借	同业拆借，是指具有法人资格的商业银行及经法人授权的非法人金融分支机构之间进行短期资金融通的行为，目的在于调剂头寸和临时性资金余缺
转贴现	转贴现是商业银行之间，通过未到期票据的转让而进行的短期融资活动
转抵押	商业银行在资金临时短缺、周转不畅的情况下，也可以通过转抵押的方式向其他金融同业取得贷款

二、向中央银行融通资金（表 5–8）

表 5-8 向中央银行融通资金

要点	内容
再贷款	中央银行充当最后贷款人向商业银行发放的贷款称为再贷款。再贷款是中央银行控制货币供应量的主要途径之一，中央银行视货币政策的需要提高或降低再贷款利率以抽紧或放松银根。因此，中央银行对再贷款的控制比再贴现更严，条件更苛刻 以短期再贷款为多，而且为减少再贷款风险，还要求取得中央银行再贷款的金融机构提供相应的担保。可作为质押贷款权利凭证的有价证券，包括国库券、中国人民银行融资券、中国人民银行特种存款凭证、金融债券和银行承兑汇票 对分行短期再贷款，中国人民银行总行实行“限额控制、授权操作”的管理原则
再贴现	再贴现又称“重贴现”，是指商业银行在贴现买进尚未到期的有价证券（如期票、银行承兑汇票等）后，为了应付短期资金需要再向中央银行贴现以融通资金的行为。再贴现期限从贴现之日起至贴现票据到期日止，最长不超过 6 个月。再贴现具有结构性调节的效果，中央银行根据一定时期的货币政策要求，可以有选择地对商业银行提交的票据进行再贴现；再贴现还具有借款成本效果。再贴现政策有调节货币供应总量和构成的灵活性与微调性。再贴现利率一般略低于对商业银行再贷款的利率
在公开市场上出售证券	公开市场操作是中央银行吞吐基础货币，调节市场流动性的主要货币政策工具，通过中央银行与指定交易商进行有价证券和外汇交易，可以实现货币政策调控目标

三、回购协议

回购协议是一种以出售金融资产的形式取得短期资金的行为。出售者在出售资产的同时，许诺在次日或一定日期，按协议价格购回该项金融资产，购回价格高于本金部分为回购收益。

四、向国际金融市场借款（略）

五、短期资金占用

占用短期资金是指商业银行同业往来及办理中间业务过程中可占用的他人资金。资金清算期越长，资金占用的时间越长，占用的资金量也可能越多。

六、发行金融债券

金融债券是商业银行为筹集资金而发行的债权债务凭证。

金融债券多为中长期债券，期限通常在 1 年以上，长者可达 5 ～ 10 年，利率略高于同期储蓄存款利率，发行对象主要是个人、机构及社会团体。金融债券种类较多，分为资本性和一般性金融债券。一般性金融债券的种类主要有普通金融债券、累进利息金融债券和贴现金融债券等。

从市场和货币角度看，还有国际债券，即商业银行在国际金融市场上发行的以外国货币为面值的金融债券。国际债券主要有外国金融债券和欧洲金融债券。

商业银行发行金融债券应具备以下条件：具有良好的公司治理机制，核心资本充足率不低于 4%，最近三年连续盈利，贷款损失准备计提充足，风险监管指标符合监管机构的有关规定，最近三年没有重大违法、违规行为等。

第六章　金融企业的资产与其他业务

本章知识体系

金融企业的资产与其他业务
- 金融企业的现金资产
- 金融企业的贷款业务
- 金融企业的投资业务
- 金融企业的其他业务

第一节　金融企业的现金资产

现金资产是金融企业所持有的流动性最强的资产，为了保持清偿能力和获取有利的投资机会，金融企业必须保持合理比例的现金资产，并对其进行有效的管理。

一、现金资产的概念及构成

现金资产是指金融企业持有的库存现金以及与现金等同的可随时用于支付的资产。它是金融企业资产中最富有流动性的部分，是维护金融企业支付能力、防止流动性风险的第一道防线，也称为一级准备。现金资产具有流动性强、安全性高、交易成本低的特点。

商业银行（含信用社）的现金资产包括库存现金、中央银行准备金存款、存放同业款项、托收中款项。

二、现金资产与流动性（表 6–1）

表 6-1　现金资产与流动性

要　点	内　容
现金资产管理的目的和原则	金融企业的流动性是指其满足资金运用需求的能力，适度的流动性是金融企业经营成败的关键，也是盈利性和安全性的平衡杠杆。现金资产管理的目的就是在保证金融企业的流动性的同时，尽可能节约现金，减少现金持有量，而将闲置的现金用于投资，以获取更多的收益 金融企业的流动性资产与流动性负债的差额，即为流动性缺口。缺口为正，说明金融企业流动性充足；缺口为负，说明金融企业部分非流动性资产由流动性负债提供。金融企业的流动性管理就是通过调度资金，既满足营运需要，又不致形成资金的闲置。应合理管控流动性缺口

（续表 6-1）

要　点	内　容
现金资产管理的目的和原则	流动性是金融企业管理的目标之一，金融企业在现金资产的管理中应遵循以下基本原则： ①适度的存量控制。首要原则是控制现金资产的适度规模，同时还需合理安排上述现金资产的存量结构 ②适时的流量调节。适时流量调节才能保证适度的存量控制 ③注重安全
现金头寸与流动性管理	金融企业的资金或款项俗称“头寸”。它产生于金融企业的业务经营活动中并随着金融企业的业务经营活动而变化，银行业金融企业的现金头寸变化最终会通过其库存现金和中央银行准备金存款的增减变化反映出来 ①财务公司头寸与流动性管理。财务公司为保证有充足资金备付，需要进行资金头寸计划和安排 ②信托投资公司头寸与流动性管理。信托投资公司与财务公司类似，需要根据资金量的变化来对现金头寸进行计划和安排 ③证券投资公司头寸与流动性管理。证券公司同时要向证券交易所上缴交易保证金和向证券登记清算机构上缴清算备付金
资金营运对头寸的影响	（1）与客户业务往来对资金头寸的影响 与客户往来中能增加其资金头寸的因素： ①客户以现金存入 ②客户从其他金融企业划入款项 ③客户以现金归还贷款 与客户往来中会减少资金头寸的因素： ①客户取出现金 ②客户以转账方式支付在其他金融机构开户单位的款项 ③发放贷款且客户提款 （2）与同业资金往来对资金头寸的影响。与同业的资金往来中，从其他金融企业划入资金可增加可用资金头寸，从本企业划出资金减少可用资金头寸 （3）与中央银行的资金往来对资金头寸的影响 与中央银行的资金往来中能增加资金头寸的因素： ①向中央银行借款 ②调减法定准备金 ③代理中央银行业务中占用代理资金 与中央银行的资金往来中会减少资金头寸的因素： ①调增法定存款准备金 ②归还中央银行贷款 ③代理中央银行业务中被占用资金

三、商业银行的流动性管理

商业银行，经营管理活动以资产和负债的管理为主要内容，面对社会公众保持流动性是首要问题，也是最重要的问题。银行倒闭风险大多是以流动性枯竭的形式表现出来的。因此，对于银行业而言，最重要的启示之一，就是要加强银行流动性风险管理。

（一）商业银行的头寸及构成（表6-2）

商业银行的现金头寸，按资金的可用程度分，可分为基础头寸和可用头寸。

表6-2　商业银行的头寸及构成

要　点	内　容
基础头寸	基础头寸是商业银行随时可用的资金量，是商业银行资金清算的最后支付手段，由业务库存现金和在中央银行的超额准备金存款构成，其计算公式是： 基础头寸＝业务库存现金＋在中央银行超额准备金存款 基础头寸，不仅是商业银行随时可运用的资金，而且还是商业银行一切资金清算的最终支付手段
可用头寸	可用头寸是指商业银行在一定时期内某时点的可以运用的资金量。其计算公式是： 可用头寸＝基础头寸 ± 上级行应调入或调出资金 ± 到期同业往来清入或清出资金 ± 法定存款准备金调减或调增额 ± 应调增或调减二级准备金 应清入汇差资金、到期同业往来调入资金、缴存法定存款准备金的调减额，以及商业银行系统内的二级存款准备的调减额，都应加入到基础头寸中，增加可用头寸；反之，则应从基础头寸中减去，是实际可用头寸 基础头寸实际存在于银行业务库及在中央银行存款账户上，是商业银行实际的即期可用资金。可用头寸中应调出清出的资金在尚未实际发生之前，是一种现实的，但预期会减少的可用资金；而可用头寸中应调入清入的资金在实际未发生之前，是一种非现实的，但预期可用的资金

1. 商业银行与客户往来对可用头寸的影响（表6-3）

表6-3　商业银行与客户往来对可用头寸的影响

引起头寸增加的因素	引起头寸减少的因素
①客户交存现金	①存款户提取现金
②本行客户交存他行支票	②本行客户签发支票偿还他行客户债务
③客户用现金偿还贷款	③本行客户用贷款偿还他行客户债务
④本行客户接受异地汇入款	④本行客户对异地汇出款

2. 商业银行与同业往来对可用头寸的影响（表 6-4）

表 6-4 商业银行与同业往来对可用头寸的影响

引起头寸增加的因素	引起头寸减少的因素
①由他行调入资金	①调给他行资金
②同业往来利息收入	②同业往来利息支出
③由上级行调入资金	③上级行调走资金
④同业拆入资金	④同业拆出资金

3. 商业银行与中央银行往来对可用头寸的影响（表 6-5）

表 6-5 商业银行与中央银行往来对可用头寸的影响

引起头寸增加的因素	引起头寸减少的因素
①从中央银行借款	①偿还中央银行贷款
②调减法定准备金存款	②调增法定准备金存款
③占用代理中央银行业务资金	③代理中央银行业务的被占用资金
	④向国库缴纳税金

（二）商业银行头寸的匡算（表 6-6）

表 6-6 商业银行头寸的匡算

要　点	内　容
营业日初始头寸的计算	营业日的初始头寸是指商业银行营业日开始时的可用资金量，是匡算当日头寸的基础。它由上一个营业日末结转到当日的中央银行超额准备金可用量、到期的同业往来差额和上级行可调入或调出资金等因素构成。匡算方法如下： ①超额准备金可用量的匡算 超额准备金可用量的计算公式： 超额准备金可用量＝上日末超额准备金存款金额 ± 上日末吸收的存款余额 × 自留准备金比率 若上式的计算结果为正数，即为营业日初始超额准备金可用量；若为负数（上日末超额准备金不足），即超额准备金可用量不足，需要当日设法补足 ②业务库存现金可用量的匡算。业务库存现金是为客户随时支取现金所必须保留的周转金，但因其非盈利性质又不宜保留过多，需核定一个现金库存限额。核定库存现金限额主要应考虑三个因素：第一，与中央银行发行库距离的远近；第二，本行现金收付量的大小；第三，季节性因素的影响 库存现金实际可用量的计算公式： 营业日初现金可用量＝上日末营业终了时库存现金金额－现金库存限额 若按上式所计算的结果为正值，表示现金可用；若为负值，表示库存现金不足，需要设法补足

（续表 6-6）

<table>
<tr><th>要　点</th><th>内　容</th></tr>
<tr><td>营业日初始头寸的计算</td><td>③到期同业往来差额的匡算。商业银行上一个营业日终了时，尚未来得及办理同城票据清算的资金称为到期同业往来资金
到期同业往来差额的计算公式：
到期应收（+）应付（-）差额=到期应收资金-到期应付资金
应收差额为当日可用资金量，应付差额为当日可用资金的减少量
④上级行可调入调出资金的匡算。商业银行系统内各级行处资金可统一调度，抽多补少。调入资金额为当日可用资金的增加量，调出资金为当日可用资金的减少量</td></tr>
<tr><td>当日头寸的匡算</td><td>匡算当日头寸是在初始头寸的基础上，匡算当日银行营业活动可能增加和减少的可用资金量，从而测算营业日终了时资金多余或不足情况，以便统筹安排，实现当日资金平衡。影响当日头寸的因素及其关系，可用如下公式表示：
当日头寸=初始头寸 ± 现金收付额 ± 联行汇入汇出额
± 同城票据清算收付额 ± 法定准备金调减调增额
± 借出借入款到期额 ± 当日收回或贷出额
上述各因素对当日头寸的影响关系如下：
①当日现金收支。当日现金支大于收，当日现金头寸必然减少
②联行汇差。联行汇差是银行为客户办理异地转账结算所引起的异地银行间汇出、汇入资金的差额。应付汇差相应减少当日头寸，应收汇差相应增加当日头寸
③同城票据清算。同城票据清算是同一城市不同行处的客户间，因商品交易、劳务供应等引起的货币收付，通过签发票据进行清算时引起的银行之间的货币收付清算
应付汇差通过中央银行转账，减少应付行的超额准备金存款，当日头寸减少
④法定准备金调整。商业银行在中央银行的法定存款准备金存款按规定的调整日定期调整。应交法定准备金大于上一调整日所计算的法定准备金时，其超额准备金减少，可用头寸减少
⑤到期借出借入款。到期借出借入款，是指商业银行于营业日到期的由中央银行、上级行借入款和到期的同业拆出拆入款。到期的借出、拆出、存放款，当日应该收回，使超额准备金存款增加，从而使当日可用头寸增加
⑥当日发放和收回贷款额。商业银行对于企业和个人发放或收回贷款都影响头寸。发放贷款时，若借款人提取现金，或用于支付他行客户债务，减少贷款银行库存现金或在中央银行的超额准备金存款，可用头寸减少。若借款人用贷款支付欠本行客户的债务，本行头寸不变。当借款人偿还借款时，若借款人用现金偿还，本行库存现金增加，当日可用头寸增加。若用他行支票偿还，本行在中央银行超额准备金存款增加，头寸增加。但若借款人用本行客户支票偿还贷款，则本行当日头寸不变</td></tr>
</table>

（续表 6-6）

要　点	内　容
近期头寸与远期头寸的匡算	（1）近期资金变动分析 ①存款变动对其近期头寸的影响。若近期存款的存入大于提取，其库存现金和在中央银行的超额准备金存款增加，可用头寸增加 ②贷款变动对近期头寸的影响。贷款是商业银行的主要资金运用途径，当发放贷款时，若借款人用贷款偿还本行开户单位的债务，本行资金头寸不变；若借款人用于偿还他行存款户的债务，则本行超额准备金存款减少，资金头寸减少。当收回贷款时，若借款人用现金偿还，库存现金增加，资金头寸增加；若借款人用本行存款户签发的转账支票偿还，本行资金头寸不变，若用他行开户的客户所签发的转账支票偿还，本行资金头寸增加 ③到期借出借入款对近期头寸的影响。该因素的影响与前面当日头寸匡算中的“到期借入借出款”相同 ④影响近期头寸的其他因素。除上述影响商业银行近期头寸的因素外，法定存款准备金调整、自留准备金的调整，向国家财政交纳税、利也影响近期头寸 （2）远期资金变动分析 匡算远期头寸是对未来资金变动情况的趋势预测。有目的地筹集和分配资金，保证资金供需平衡

（三）我国对商业银行流动性风险管理的具体要求

流动性覆盖率旨在确保商业银行在设定的严重流行性压力情景下，能够保持充足的、无变现障碍的优质流动性资产，通过变现这些资产来满足未来 30 日的流动性需求。其计算公式为：

$$流动性覆盖率=\frac{优质流动性资产储备}{未来\ 30\ 日现金净流出量}\times 100\%$$

优质流动性资产是指在无损失或极小损失的情况下可以快速变现的资产。商业银行的流动性覆盖率应当不低于 100%。

净稳定资金比例旨在引导商业银行减少资金运用与资金来源的期限错配，增加长期稳定的资金来源，满足各类表内外业务对稳定资金的需求，其计算公式为：

$$净稳定资金比例=\frac{可用的稳定资金}{业务所需的稳定资金}\times 100\%$$

可用的稳定资金是指在持续压力情景下，能确保 1 年内都可作为稳定资金来源的权益类和负债类资金。商业银行的净稳定资金比例应当不低于 100%。

存贷比的计算公式为：$存贷比=\frac{各项贷款余额}{各项存款余额}\times 100\%$

商业银行的存贷比应当不高于 75%。

流动性比例的计算公式为：$流动性比例=\frac{流动性资产余额}{流动性负债余额}\times 100\%$

商业银行的流动性比例应当不低于 25%。

第二节　金融企业的贷款业务

一、贷款关系人及其权利、义务（表 6–7）

金融企业贷款业务的关系人，包括贷款人、借款人和担保人。

表 6–7　贷款关系人及其权利、义务

要　点	内　容
贷款人	1. 贷款人的概念和资格 贷款人是指提供贷款的银行和非银行金融机构。贷款人必须经中国人民银行批准方可经营贷款业务 2. 贷款人的权利和义务 （1）我国贷款通则规定贷款人的权利是： ①根据贷款条件和贷款程序自主审查和决定贷款，除国务院批准的特定贷款外，有权拒绝任何单位和个人强令其发放贷款或者提供担保；②有权要求借款人提供与借款有关的资料，并根据其条件决定贷与不贷、贷款金额、期限和利率等 （2）贷款人的义务是： ①公布所经营目的贷款种类、期限和利率，并向借款人提供咨询；②公开贷款审查的资信内容和发放贷款的条件；③审议借款人的借款申请并及时答复贷与不贷，除国家另有规定者外，短期贷款答复时间不得超过 1 个月，中、长期贷款答复时间不得超过 6 个月；④对借款人的债务、财务、生产、经营情况保密，但对依法查询者除外 3. 贷款人应遵守以下限制 ①发放贷款必须严格执行中国人民银行规定的资产负债比例管理指标；②不能向关系人发放信用贷款，向关系人发放担保贷款的条件不得优于其他借款人同类贷款的条件；③未经中国人民银行批准，不得对自然人发放外币币种的贷款；④自营贷款和特定贷款按中国人民银行规定计收利息，不得收取其他任何费用；⑤严格控制信用贷款，积极推广担保贷款；⑥不得给委托人垫付资金
借款人	1. 借款人的概念和资格 借款人是向银行和非银行金融机构借款的企业单位和个人。借款人必须是经工商行政管理机关或主管机关核准登记的企业、事业法人、其他经济组织和工商户，或是具有中华人民共和国国籍和具有完全民事行为能力的自然人 2. 借款人的权利和义务 3. 借款人应遵守以下限制 ①不得在一个贷款人同一辖区内的两个或两个以上同级分支机构取得贷款；②不得向贷款人提供虚假的或者隐瞒重要事实的资产负债表、损益表等；③除国家另有规定外，不得用贷款从事股本权益性投资；④不得用贷款在有价证券、期货等方面从事投机经营；⑤除依法取得经营房地产资格的借款人以外，不得用贷款经营房地产业务；⑥依法取得经营房地产资格的借款人，不得用贷款从事房地产投机；⑦不得套取贷款用于借贷牟取非法收入；⑧不得违反国家外汇管理规定使用外币贷款；⑨不得采取欺诈手段骗取贷款

二、我国金融企业的贷款分类（表 6–8）

按照贷款期限的长短划分，分为长期贷款（大于 5 年）、中期贷款（大于 1 年，小于或等于 5 年）和短期贷款（小于或等于 1 年）。按照贷款人承担的经济责任划分，分为自营贷款和委托贷款。自营贷款是金融企业以合法方式筹集资金，自主发放的贷款。自营贷款到期，由贷款人收取贷款本息，并承担贷款风险。按照借款部门划分，分为工业企业贷款、商业企业贷款、农业贷款及其他部门贷款。按照贷款用途划分，分为生产经营性贷款、消费贷款和科技开发贷款。按照贷款保障程度划分，分为信用贷款、担保贷款和票据贴现。

表 6–8　我国金融企业的贷款分类

要　　点	内　　容
信用贷款	信用贷款是依据借款人的信用（不必提供任何担保）而发放的贷款 信用贷款的特点是手续简便，贷款人仅凭借款人的信用，双方签订贷款合同后就可发放贷款；风险相对较大，没有到期收不回贷款的经济担保。因此，信用贷款通常会附加一定条件，利率比其他种类贷款高，目的是通过收取较高的利息，以弥补高风险可能造成的损失
担保贷款	担保贷款是指以某些特定的财产或某人的信用作为还款保证的贷款，分为保证贷款、抵押贷款和质押贷款。这些担保方式既可以单独使用，也可以组合使用 ①保证贷款。即按我国担保法规定的保证方式以第三人承诺在借款人不能偿还贷款时，按约定承担一般保证责任或者连带责任而发放的贷款。按照规定，国家机关、学校、幼儿园、医院等以公益为目的的事业单位、社会团体以及企业法人的分支机构、职能部门不能为保证人，否则担保合同无效 ②抵押贷款。即按我国担保法规定的抵押方式以借款人或第三人的财产作为抵押物发放的贷款。借款人不履行偿还贷款义务时，贷款经办银行有权将该抵押物拍卖，以拍卖所得偿还借款人所欠贷款，如有剩余，退还借款人 不能作为贷款抵押物的财产有：土地所有权，违法、违章建筑物，集体所有的土地使用权，以公益为目的的事业单位、社会团体的公益设施，所有权、使用权不明或者有争议的财产，依法被查封、扣押、监管的财产和依法不能抵押的其他财产 对贷款抵押物的选择应遵循四个原则：法律、法规允许买卖的原则，减少风险的原则，抵押物优选原则，易于拍卖的原则 ③质押贷款。即按我国担保法规定的质押方式，以借款人或第三人提交的动产或权利为质押物，并移交贷款人占有作为债务担保发放的贷款 质押贷款的质物分为动产和权利。其中，动产要求为虽经过移动，但并不改变其自身使用价值和价值的财产；权利包括票据和单据、有价证券以及依法可转让的无形资产中的财产权

（续表 6-8）

要　点	内　容
消费贷款	（1）消费贷款的概念 消费贷款是工商企业、银行和其他金融企业对消费者个人发放的，用于购买耐用消费品和支付其他费用的贷款。此类贷款在一些商业银行也称为个人贷款 （2）消费贷款的分类 按照不同标准，消费贷款按贷款偿还方式划分为一次性偿还贷款和分期偿还贷款；按照贷款用途划分，主要可以分为助学贷款、个人住房贷款、耐用消费品贷款、汽车消费贷款以及小额生活费贷款等 ①助学贷款。即根据国家规定对符合条件的在校经济困难的非义务教育学生发放的，用于资助其缴纳学费、住宿费和生活费用的贷款。分为国家助学贷款和普通商业性助学贷款 国家助学贷款是国家财政贴息的商业贷款。其中，财政部门在贷款期内贴息50%，剩余50%的利息由借款学生个人担负，借款学生既可在学习期间还本付息，也可在毕业后的第一年开始偿还本息。根据国务院规定，贷款行可给予借款学生最长不超过2年时间作为推迟还款的宽限期 ②个人住房贷款。个人住房贷款分为购、建房贷款和房屋装修贷款。个人住房贷款又分为政策性住房贷款和普通商业性住房贷款。前者是以住房公积金为信贷资金来源，由住房公积金管理机构委托商业银行办理。普通商业性住房贷款是商业银行的自营贷款 ③汽车消费贷款。申请期限最长不超过5年 （3）消费贷款的提供方式 ①直接信贷方式。即根据消费者的申请，直接对消费者发放贷款 ②间接信贷方式。即贷款人将贷款提供给销售消费品的经销商，由经销商将消费品赊销给消费者 ③循环透支消费信贷。主要是以消费者个人信用卡透支信贷方式的贷款
银团贷款	银团贷款是由获准经营贷款业务的一家或数家金融企业牵头，多家银行与非银行金融机构参加而组成的银行集团采用同一贷款协议，按商定的期限和条件向同一借款人提供融资的贷款方式 银团贷款的方式有两种，一种是直接银团贷款，另一种是间接银团贷款
信托贷款	信托贷款是指信托机构在国家政策允许的条件下，运用信托存款及自有资金，对自行审定的单位和项目的特殊而合理的资金需要给予支持发放的贷款
票据贴现	（1）票据贴现的概念 票据贴现指金融企业买进未到期、已承兑的商业票据，为贴现人融通资金的行为。在我国，中央银行、商业银行、部分财务公司、证券公司和农村信用合作社等都具有经营票据贴现业务的资格

（续表 6-8）

要　　点	内　　容
票据贴现	（2）票据贴现与贷款的区别 ①受信人不同。贷款的受信人是商品交易中的买方，而票据贴现的受信人一般是卖方 ②关系人不同。贷款的关系人主要是贷款人、借款人和担保人，而票据贴现则涉及金融企业和贴现申请人、背书人、承兑人、保证人等 ③流动性不同。贴现的金融企业急需资金时，可以将其对客户已贴现而未到期的票据向中央银行再贴现，或向其他金融企业转贴现取得资金；而贷款在一般情况下需到期才能收回 ④期限的伸缩性不同。贷款分中、长期和短期，而且可以展期甚至延期，期限伸缩性大。已贴现的票据，到期期限通常较短，到期债务人必须偿付票款，不得延期 ⑤付息方式和利率水平不同。贷款一般是按期付息或到期还本付息，利随本清；而贴现则是贴现人贴付利息取得现金，金融企业预先收息。贴现率一般低于同期贷款利率

三、我国金融企业贷款的管理（表 6–9）

表 6–9　我国金融企业贷款的管理

要　　点	内　　容
贷款原则	商业银行法规定的经营原则：安全性原则、流动性原则、效益性原则 三性原则之间是矛盾的，又是可协调统一的。流动性与安全性正相关，而与效益性负相关。金融企业经营以安全性为第一原则，流动性为第二原则，在保证安全性和流动性的前提下，追求最大限度的盈利。但在不同情况下亦可有所侧重，实现三原则之间的动态平衡
贷款程序	贷款人应该按照我国贷款通则的规定建立审贷分离、分级审批的贷款管理制度，即建立以“三查”分离为基础的审贷分离制度，使贷前调查、贷时审查和贷后检查工作分工负责、相互制约，实行有限授权审批制度 ①贷款申请 ②贷款调查 资信分析是贷前调查的重要环节。资信分析可采用“5C”标准，即对债务人的道德品格、资本实力、经营能力、担保抵押品及环境状况等因素进行分析，确定贷与不贷。信用度越高，信用级别越高；反之，信用度越低，信用级别越低，违约概率越高 ③贷款审查。贷款审查人员对调查的真实性进行审核，并从借款人、项目可行性等角度进行风险评价 ④贷款审批和发放。贷款审查委员会针对以上调查报告和审查结论审核、审批，确定贷与不贷、贷多贷少、期限长短、利率高低等。同意放款后，贷款人应依法与借款人签订借款合同并发放贷款

（续表 6-9）

要　点	内　容
贷款程序	⑤贷后检查。贷款发放后，贷款人应当对借款人执行借款合同情况进行动态跟踪，对借款人的经营情况、贷款用途、还款能力等相关信息情况进行跟踪检查 ⑥贷款归还。贷款到期，可由借款人主动开出结算凭证，归还贷款本息，或由贷款人从其存款账户中扣收贷款本息

四、贷款的质量评价与贷款的风险补偿

（一）贷款的质量评价

1. 四级分类制度

过去较长时期，我国普遍实行贷款四级分类制度，即将贷款分为正常、逾期、呆滞、呆账。四级分类制度对贷款质量的衡量主要依据还款期限。

2. 五级分类制度

五级分类方法建立在动态监测的基础上，通过对借款人现金流量、财务实力、抵押品价值等因素的连续监测和分析，来判断贷款的实际状况，能更准确地反映不良贷款的真实情况，有利于金融企业对贷款的风险管理，有利于金融监管部门的有效监管，从而提高金融机构抵御风险的能力。五级分类方法把贷款分成正常、关注、次级、可疑和损失五个类别，后三类被归为不良贷款，详见表 6-10。

表 6-10　五类贷款的主要特征

类　别	主要特征
正　常	借款人有能力履行承诺，并且对贷款的本金和利息进行全额偿还，没有问题的贷款
关　注	①净现金流量减少 ②借款人的销售收入、经营利润在下降，或净值开始减少，或出现流动性不足征兆 ③借款人的一些财务指标低于行业平均水平或有较大下降 ④借款人经营管理有较严重问题，借款人未按规定用途使用贷款 ⑤借款人的还款意愿差，不与银行积极合作 ⑥贷款的抵押品、质押品价值下降 ⑦银行对抵押品失去控制 ⑧银行对贷款缺乏有效的监督等
次　级	①借款人支付出现困难，并且难以按市场条件获得新的资金 ②借款人不能偿还对其他债权人的债务 ③借款人内部管理问题未解决，妨碍债务的及时足额清偿 ④借款人采取隐瞒事实等不正当手段套取贷款
可　疑	①借款人处于停产、半停产状态 ②固定资产贷款项目处于停缓状态 ③借款人已资不抵债 ④银行已诉诸法律来收回贷款 ⑤贷款经过了重组，仍然逾期，或仍不能正常归还本息，还款情况没有得到明显改善等

（续表 6-10）

类　　别	内　　容
损　　失	①借款人无力偿还，抵押品价值低于贷款额 ②抵押品价值不确定 ③借款人已彻底停止经营活动 ④固定资产贷款项目停止时间很长，复工无望等

（二）贷款的风险补偿

贷款的风险补偿指贷款人以自身的财力来承担未来可能发生的损失的策略。

第三节　金融企业的投资业务

一、金融企业投资概述（表 6-11）

表 6-11　金融企业投资概述

要　　点	内　　容
投资的定义	投资一般是指经济主体为了获取经济效益而投入资金或资源用以转化为实物资产或金融资产的行为和过程。金融企业的投资可以从以下三点来理解： ①投资是将资产让渡给其他单位所获得的另一项资产 ②投资所增加的经济利益是将资产让渡给其他单位使用，通过其他单位使用该项资产创造收益而分配取得 ③投资于短期有价证券获得的投资收益实质上属于资本增值
投资的分类	①按投资期限的长短可分为短期投资和长期投资。这是投资的基本分类。短期投资是指能够随时变现并且持有时间不准备超过 1 年（含 1 年）的投资，其投资对象主要是有价证券及不超过 1 年的其他投资。长期投资是指持有时间超过 1 年（不含 1 年）的各种股权性质的投资、不能变现或不准备随时变现的债券、其他债权投资和其他长期投资 ②按投资性质可以分为债权性投资、权益性投资和混合性投资 ③按投资内容可以分为实物性资产投资、货币性资产投资和无形资产投资 ④按投入行为的直接程度，投资可分为直接投资和间接投资

二、我国商业银行的证券投资业务（表 6-12）

表 6-12　我国商业银行的证券投资业务

要　点	内　容
商业银行证券投资业务的界定	商业银行的资金运用有其固有的安排顺序：第一是准备金，第二是放款，第三就是投资。商业银行的投资主要是指证券投资，即把资金投放于各种长短期不同（主要是短期）的证券，以实现资产的收益并保持相应的流动性
商业银行经营证券投资业务的功能	①保持流动性、获得收益。证券投资形成满足银行流动性需要的二级储备 ②分散风险、提高资产质量。证券投资可以提高银行资产的分散化程度，降低资产组合风险，提高资产的单位收益 ③合理避税。商业银行投资的证券以国债和地方政府债券为主，一般有税收优惠 ④提供新的资金来源。如证券回购，作为向中央银行借款的抵押品，获取资金
我国商业银行证券投资的对象	我国商业银行可以投资的债券有三类，即政府债券、金融债券和符合规定的公司债券或企业债券。我国商业银行证券投资的品种对象主要有以下几种： ①政府债券 ②金融债券 ③公司债券 ④企业债券 ⑤短期融资券和中期票据

三、证券公司的投资业务（表 6-13）

我国证券公司分为综合类券商和经纪类券商。经纪类证券公司只能从事证券代理业务，这是证券公司的一项基本的业务，综合类证券公司则可以从事所有的证券业务。

表 6-13　证券公司的投资业务

要　点	内　容
证券公司的自营业务	（1）证券自营业务的含义 证券自营业务是指综合类证券公司用自有资金和依法筹集的资金，以自己名义开设的证券账户买卖有价证券，以获取利润的行为 （2）证券自营业务的范围 ①上市证券的自营买卖包括三大类：股票、债券、基金 ②承销业务中涉及的自营业务。如采用包销方式 ③场外市场的自营业务

（续表 6-13）

要　点	内　容
证券公司的自营业务	（3）证券自营业务管理原则 ①一般性原则。第一，自营业务和其他业务分账经营、分业管理原则。第二，经纪业务优先原则。证券公司在同时进行自营业务和经纪业务时，应把经纪业务放在首位，当客户同时做出相同的委托时，客户的指令应优先于自营业务的指令。第三，公平交易原则。证券商不得利用特权进行不公平竞争，不得操纵市场、进行证券欺诈等。第四，严格内部控制原则 ②特殊规范原则。第一，风险控制原则。自营股票规模不得超过净资本的100%；证券自营业务规模不得超过净资本的200%；持有一种非债券类证券的成本不得超过净资本的30%；持有一种证券的市值与该类证券总市值的比例不得超过5%，但因包销导致的情形和中国证监会另有规定的除外；违反规定超比例自营的，在整改完成前应当将超比例部分按投资成本的100%计算风险准备。第二，禁止内幕交易行为。第三，禁止操纵市场的行为。第四，禁止虚假陈述误导行为
证券公司的直接投资业务	证券公司开展直接投资业务试点，应当设立从事直接投资业务的子公司，由子公司进行直接投资。未经证监会同意，证券公司不得以任何形式开展直接投资业务 ①证券公司开展直接投资业务的监管要求。以自有资金对直投子公司投资，金额不超过证券公司净资本的15% ②直投子公司的监管要求。直投子公司不得对外提供担保

四、财务公司的投资业务

财务公司是为企业集团成员单位提供财务管理服务的非银行金融机构，其建立和运行的目的是加强企业集团资金的集中管理和提高企业集团资金的使用效率，投资是符合其业务目的的活动。

五、信托投资公司的投资业务

信托公司的投资业务限定为金融类公司股权投资、金融产品投资和自用固定资产投资。信托公司不得以固有财产进行实业投资，但银监会另有规定的除外。

第四节　金融企业的其他业务

金融企业还有一些不构成商业银行表内资产、表内负债，但会形成其非利息收入的其他业务，这些业务被称为表外业务或中间业务。此类业务与负债和资产业务共同构成了金融业务的三大支柱。

表 6-14　我国商业银行中间业务的主要种类

要　点	内　容
结算业务	结算业务是指商业银行受客户委托，通过票据、银行卡和汇兑、托收承付、委托收款等结算方式为客户进行货币给付及其资金清算的业务行为
信息咨询与评估业务	信息咨询业务是指商业银行利用其人才、业务、机构等优势向客户提供信息、接受咨询、帮助其进行可行性研究或专题研究的一种业务 评估是商业银行在资信调查的基础上，根据其掌握的各种信息资料，对企业信用或项目等级进行评价估计的业务
代理业务	代理业务是指商业银行接受政府、企事业单位、其他银行或金融机构及居民个人的委托，以代理人身份代表委托人办理经双方议定的经济事务的业务。主要有： ①代理收付款 ②代理发行、承销和兑付债券 ③代理保险 ④代理金融机构业务 ⑤代理保管业务
信托租赁业务	租赁是指出租人出资购买机器设备，或出租人与设备生产商合作，对承租人提供机器设备的一种融资方式 信托涉及受托、委托和受益多边关系人，是一种以信任为基础、委托为方式、资财为核心的为他人利益管理财产的制度
担保及类似的或有业务	担保及类似的或有业务是指商业银行承担保证责任，并有可能增加自身现实的资产或负债的业务。一般形式是由商业银行为客户开具各式保函，如担保见证、信用证、备用信用证、票据承兑、保理、福费廷、贷款出售、回购协议、信贷额度、票据发行便利等
资产证券化	资产证券化是指商业银行将其流动性较差的资产，如贷款、应收账款等，集中起来出售，购进方以此为基础，发售以其担保的具有投资性特征的证券的行为
个人理财业务	个人理财业务是指商业银行以客户为中心，通过对所拥有金融产品的整合，凭借多种积累的经营管理经验和掌握的经济金融政策，依靠高科技、现代化的服务手段，代理客户实现其资产保值、增值或代理客户处理财务收支等一系列的金融服务活动 其服务涵盖资产管理、投资、信托、税务、遗产管理等方面

第七章　金融企业会计与结算

本章知识体系

金融企业会计与结算
- 金融企业会计核算的基本理论与方法
- 金融企业主要业务的会计处理
- 金融企业财务报表分析
- 国内支付结算业务

第一节　金融企业会计核算的基本理论与方法

一、会计核算的基本前提和信息质量要求（表 7-1）

表 7-1　会计核算的基本前提和信息质量要求

要　点	内　容
会计核算的基本前提	①会计主体假定 ②持续经营假定 ③会计分期假定 ④货币计量假定
会计信息质量要求	①可靠性 ②相关性 ③可理解性 ④可比性 ⑤实质重于形式 ⑥重要性 ⑦谨慎性 ⑧及时性

二、金融企业会计核算的要素和基本方法

（一）会计核算的要素（表 7-2）

表 7-2 会计核算的要素

要　点	内　容
资　产	资产是指过去的交易、事项形成并由企业拥有或控制的资源，该资源预期会给企业带来未来经济利益。包括流动资产、长期贷款、长期投资、固定资产、无形资产和其他资产
负　债	负债是指过去的交易、事项形成的现时义务，履行该项义务预期会导致经济利益流出企业。对银行业来说，负债业务是最基本、最主要的业务，银行通过负债来筹集资金，从而构成银行经营的基础 银行负债按照承担经济义务期限的长短，可分为流动负债和长期负债
所有者权益	所有者权益是指所有者在企业资产中享有的经济利益，其金额为资产减去负债后的余额。包括实收资本、资本公积金、盈余公积金和未分配利润。银行业、金融企业的所有者权益还包括按贷款余额的一定比例，从税后利润中计提的一般风险准备金
收　入	收入是指企业在销售商品、提供劳务以及让渡资产使用权等日常活动中形成的经济利益的总流入。包括利息收入、金融机构往来利息收入、手续费收入、贴现利息收入和其他营业收入
费用和成本	费用是指企业为销售商品、提供劳务等日常经济活动所发生的经济利益的流出。成本是指企业为提供劳务和产品而发生的各种耗费
利　润	利润是指银行业、金融企业在一定时期内的经营成果，包括营业利润、利润总额和净利润 营业利润＝营业收入－营业成本－营业费用－资产减值损失 －营业税金及附加＋（或－）投资收益 ＋（或－）公允价值变动损益＋（或－）汇兑损益 利润总额＝营业利润＋营业外收入－营业外支出 净利润＝利润总额－所得税费用

（二）金融企业会计核算方法（表 7-3）

表 7-3 金融企业会计核算方法

要　点	内　容
会计科目	（1）会计科目的定义 会计科目是根据会计要素的基本框架，对会计对象所做的具体分类的名称和标志，是会计核算的基础，是设置账户和确定报表项目的依据 （2）银行会计科目的分类 ①按照资金性质及经济内容，分为资产类、负债类、所有者权益类和损益类

（续表 7-3）

要　　点	内　　容
会计科目	②在上述会计科目分类的基础上，各商业银行在实际工作中都增加了资产负债共同类科目。主要是反映商业银行各项资产和负债双重性的科目。设置如清算资金往来、货币兑换、衍生工具、套期工具、被套期项目等科目 ③按照其与会计报表的关系分类，分为表内科目和表外科目。需要在会计报表中进行反映的会计科目称为表内科目，不需要在会计报表中反映的会计科目称为表外科目
会计凭证	（1）银行会计凭证的定义 银行会计凭证是银行各项业务和财务活动原始记录的规格化文件，是办理收、付和记账的依据，是核对账务和事后查考的重要依据 （2）会计凭证的分类。银行的会计凭证按照业务性质可分为基本凭证和特定凭证两大类 ①基本凭证是根据业务需要和核算要求设置的共同适用的一般会计凭证 ②特定凭证是银行为了业务经营与管理的需要，根据某项业务的特殊要求而设计和印制的不同格式的专用凭证。这些凭证一般由客户填制，如结算业务凭证、进账单和存贷款业务的存（取）款单、贷款借据等。有的则由银行自行填写，如各类联行报单 银行的基本凭证和跨系统特定凭证的规格，由中国人民银行总行规定；系统内特定凭证的规格，则由各自总行规定 （3）会计凭证的要素。一般应具备下列基本要素：年、月、日；收、付款单位的户名和账号；收、付款单位开户银行的名称和行号；人民币或外币符号和金额大小写数字；款项来源、用途或业务事实摘要及附件张数；会计分录和凭证编号；单位按有关规定的签章；银行业务印章和经办人员签章 （4）会计凭证的处理。指从受理或填制凭证开始，经过审查和传递，到装订保管为止的全过程
记账方法与账务组织	（1）记账方法按其登记经济业务时涉及一个或是多个账户，分为单式记账和复式记账两种。所谓复式记账，是指按资金运动的内在联系，对每项经济业务都要以相等的金额，在两个（或两个以上）相互联系的账户中进行登记的方法。借贷记账法是复式记账法的主要方法之一 （2）借贷记账法的概念。借贷记账法是以“资产＝负债＋所有者权益”的平衡原理为依据，以“借”、“贷”为记账符号，以“有借必有贷，借贷必相等”为记账规则，在账户中进行登记和反映资金增减变化过程及其结果的一种复式记账法 （3）借贷记账法的基本内容 ①记账符号和账户设置。复式记账法把账户按经济内容划分为资产类与负债、权益类两大类，资产与负债、权益之间经常相互转化的账户，划分为资产负债共同类账户。资产的增加记借方，资产的减少记贷方，余额反映在借方。负债（权益）类账户，负债（权益）的增加记贷方，负债（权益）的减少记借方，余额反映在贷方。共同类账户，借方记资产的增加，负债的减少；贷方记负债的增加，资产的减少，其最终余额为借方的属资产类，余额为贷方的属负债类

（续表 7-3）

要　点	内　容
记账方法与账务组织	②记账规则。以“有借必有贷，借贷必相等”作为记账规则，对每笔经济业务所引起的资金运动，都要相应登记在一个账户的借方和另一个账户的贷方，借贷双方金额必须相等 ③借贷记账法的试算平衡。由于借贷记账法是按照“有借必有贷，借贷必相等”的记账规则记账的，编制试算平衡表，可以检查本期所有会计科目的借贷方发生额和余额是否平衡。用公式表示如下： 所有账户的借方发生额合计＝所有账户的贷方发生额合计 全部资产类账户的余额（包括损益类支出性账户和资产负债共同类账户的借方余额）合计＝全部负债类账户余额（包括资产负债共同类账户的贷方余额）合计＋全部所有者权益类账户（包括损益收益性账户）的余额合计 （4）银行账务组织及其核对。银行账务组织是指账簿的设置、记账程序和核对方法的有机结合。由明细核算、综合核算和账务核对三部分构成 ①明细核算是对所属会计科目按户进行的核算，是由各明细分类账组成，对综合核算具有补充说明的作用。明细核算具体由分户账、登记簿、余额表等组成 ②综合核算是按科目进行的概括的核算，是明细核算的概括和总结，对明细核算有统驭作用。综合核算由科目日结单、总账、日计表组成 ③账务核对分每日核对和定期核对，其内容分为账账、账款、账实、账表、账据和内外账核对。各经办人员在核对相符后，必须签章证明，会计主管人员应加以督促检查
会计报表	银行会计报表分为向外报送的会计报表和银行内部管理需要的会计报表两大类 （1）银行资产负债表。银行资产负债表是反映银行在某特定时日财务状况的报表。我国商业银行资产负债表采用账户式结构。银行资产负债表根据资产与负债的流动性可分为三大类： ①资产项目。包括商业银行的现金及存放中央银行款项、存放同业款项、拆出资金、交易性金融资产、应收利息、发放贷款及垫款、可供出售金融资产、投资性房地产、长期股权投资、固定资产、无形资产、其他资产 ②负债项目。包括向中央银行借款、同业及其他金融机构存放款项、拆入资金、交易性金融负债、应付福利费、吸收存款、应付利息、应交税费、预计负债、应付债券、其他负债等 ③所有者权益项目。包括实收资本、资本公积、盈余公积、一般风险准备以及未分配利润 （2）银行利润表。银行利润表是指总括反映银行在一定时期内所取得的一切经营成果的财务会计报表 我国商业银行利润表采用多步式格式。具体计算分为四大部分：第一部分反映主营业务的构成情况，包括营业收入、营业支出、营业税金及附加三项；第二部分反映营业利润的构成情况；第三部分是利润总额；第四部分是净利润

（续表 7-3）

要　　点	内　　容
会计报表	（3）银行现金流量表。银行现金流量表是综合反映银行在一定时期内现金流入和流出的会计报表。它以现金的流入和流出反映银行在一定时期内的经营活动、投资活动和筹资活动的动态情况，反映现金流入、流出的全部过程 ①经营活动产生的现金流量。经营活动是指金融企业除投资活动和筹资活动以外的所有交易或事项 ②投资活动产生的现金流量。投资活动是指金融企业长期资产的购建和不包括在现金等价物范围内的投资活动及其处置 ③筹资活动产生的现金流量。筹资活动是指导致金融企业资本及债务规模和构成发生变化的活动

第二节　金融企业主要业务的会计处理

一、单位存款业务的会计处理（表 7-4）

表 7-4　单位存款业务的会计处理

要　　点	内　　容
科目设置	银行办理单位存款业务时，应分别设置“单位活期存款”和“单位定期存款”科目。“单位活期存款”是用来核算银行吸收的企事业单位的活期存款及信用卡等存款的科目，属负债性质；“单位定期存款”是用来核算银行吸收的企事业单位存入的定期存款的科目 “单位定期存款”和“单位活期存款”科目，均应按存款单位及存款种类设置明细账进行明细核算
账务处理	（1）活期存款 ①存款单位存入现金时，会计分录为： 借：库存现金 　贷：单位活期存款 ②存款单位支取现金时，会计分录为： 借：单位活期存款 　贷：库存现金 （2）定期存款 ①单位存入定期存款时，会计分录为： 借：单位活期存款 　　库存现金（单位可以直接交现金存定期存款，但不能直接从定期存款中支取现金，而应通过基本存款账户转取现金） 　贷：单位定期存款

（续表 7-4）

要　　点	内　　容
账务处理	②单位支取定期存款时，应转账办理，不直接支付现金，会计分录为： 借：单位定期存款 　　应付利息（银行于资产负债表日提取的应付利息） 　　利息支出（上一资产负债表日至到期日前一天的利息及过期支取定期存款的利息） 　贷：单位活期存款

二、储蓄存款业务的会计处理（表 7-5）

表 7-5　储蓄存款业务的会计处理

要　　点	内　　容
科目设置	银行办理储蓄存款业务，应分别设置“活期储蓄存款”和“定期储蓄存款”两个科目。分别核算个人的活期储蓄款项和定期储蓄款项 对“活期储蓄存款”科目，应按居民个人设置明细账进行明细核算，“定期储蓄存款”科目则按居民个人及定期种类设置明细账进行明细核算，并均使用“开销户登记簿”进行开销户管理
账务处理	（1）活期储蓄存款 ①开户或续存时，会计分录为： 借：库存现金 　贷：活期储蓄存款 ②支取时，会计分录为： 借：活期储蓄存款 　贷：库存现金 ③销户时，会计分录为： 借：活期储蓄存款 　　利息支出 　贷：库存现金 （2）定期储蓄存款 ①开户存入时，会计分录为： 借：库存现金 　贷：定期储蓄存款 ②支取（到期或提前、逾期支取）时，会计分录为： 借：定期储蓄存款 　　应付利息（于资产负债表日计提的应付利息） 　　利息支出（上一资产负债表日至到期日前一天的利息及过期支取定期存款的利息） 　贷：库存现金 对逾期支取的应计付逾期利息，提前支取的，应注意查验储户身份证件，并在存单及卡片账上加盖“提前支取”戳记

三、贷款业务的会计处理

（一）科目设置

商业银行贷款业务的会计核算，设置“贷款”、“贴现资产”、“贷款损失准备”三个会计科目。“贷款”科目核算银行按规定发放的各种客户贷款，包括质押贷款、抵押贷款、保证贷款、信用贷款等。企业委托银行或其他金融机构向其他单位贷出的款项，可将“贷款”科目改为“委托贷款”科目。贷款业务的会计处理还包括票据贴现的会计处理。“贴现资产”科目核算银行受让贴现申请人票据的金额。

“贷款”科目可按贷款类别、客户，分别设置“本金”、“利息调整”、“已减值”等进行明细核算。

银行可根据实际，在“贷款”一级科目下设置“短期贷款”、“中长期贷款”等二级科目，分别反映银行发放的期限在1年（含1年）以内的各种贷款和期限在1年以上的各种贷款。

（二）账务处理（表7-6）

会计准则规定，银行应定期对已发放贷款进行减值测试，根据减值测试情况分别进行会计核算。

表7-6　账 务 处 理

要　　点	内　　容
未减值贷款	①发放贷款时，会计分录为： 借：贷款——本金（按贷款的合同本金记账） 　贷：单位活期存款（按实际支付的金额记账） 有差额的，借记或贷记“贷款——利息调整”科目。抵押、质押贷款应进行表外核算 ②资产负债表日计提利息收入时，会计分录为： 借：应收利息（按贷款的合同本金和合同约定的名义利率计算的应收未收利息入账） 　贷：利息收入（按贷款的摊余成本和实际利率计算确定的利息收入入账） 按其差额借记或贷记“贷款——利息调整”科目。会计准则规定，合同利率与实际利率差异较小的，也可以采用合同利率计算确定利息收入。目前，我国商业银行会计实务中一般采用合同利率计算确定利息收入 贷款的摊余成本是指贷款初始确认金额经下列调整后的结果：扣除已偿还的本金，加上或减去采用实际利率法确认金额与到期日金额之间的差额进行摊销形成的累积摊销额，扣除已发生的减值损失（仅适用于金融资产）。贷款的实际利率是指将贷款在预期存续期间或适用的更短期间内的未来现金流量，折现为其当前账面价值所使用的利率 实际收到上述应收利息时，会计分录为： 借：单位活期存款 　贷：应收利息

（续表 7-6）

要　点	内　容
未减值贷款	③到期收回时，会计分录为： 借：单位活期存款 　贷：贷款——本金 同时，借记或贷记“贷款——利息调整”科目
已减值贷款	①初次发生减值时，先将“贷款”科目下“本金”明细科目中的贷款余额转入“已减值”明细科目，然后按照减值程度计提贷款损失准备。会计分录为： 借：贷款——已减值 　贷：贷款——本金 　　　应收利息（应收未收利息） 将已减值贷款的应收未收利息转入“贷款——已减值”科目，其目的是为了方便金融机构对于减值的贷款进行专项的管理和追踪 同时，分录为： 借：资产减值损失 　贷：贷款损失准备 ②资产负债表日计提应收利息和确认本期利息收入时，会计分录为： 借：贷款损失准备（按贷款的摊余成本和实际利率计算确定的利息收入入账） 　贷：利息收入（按贷款的摊余成本和实际利率计算确定的利息收入入账） 同时，将按合同本金和合同约定的名义利率计算确定的应收利息金额进行表外登记 ③收回减值贷款时，应按照“本金、表外应收利息”的顺序收回贷款本金及贷款产生的应收利息。按实际收到的金额，借记“单位活期存款”等科目，按应转销相关贷款损失准备余额，借记“贷款损失准备”科目，按应转销已减值贷款余额，贷记“贷款——已减值”科目，按已收回的表外应收利息余额，贷记“利息收入”科目。会计分录为： 借：单位活期存款（实际收到的金额） 　　贷款损失准备（按应转销相关贷款损失准备余额） 　贷：贷款——已减值（按应转销已减值贷款余额） 　　　利息收入（按已收回的表外应收利息余额） 如仍有余额，则借记或贷记“资产减值损失”科目
贴　现	①银行受理票据贴现。会计部门收到贴现凭证，将扣收贴现利息后的贴现金额转入申请人存款户，会计分录为： 借：贴现资产 　贷：单位活期存款 　　　贴现资产——利息调整（贴现利息） ②资产负债表日，银行确认本期贴现利息收入的会计分录为： 借：贴现资产——利息调整 　贷：利息收入

（续表 7-6）

要　　点	内　　容
贴　　现	③贴现到期，贴现行以委托收款方式收取票款。如为商业承兑汇票，当收到汇票承兑人开户行划来的票款时，借记“清算资金往来”科目，贷记“贴现资产”科目。会计分录为： 借：清算资金往来 　贷：贴现资产 如承兑人无款支付，退回凭证时，贴现银行应向贴现申请人收取票款，如申请人账户有足够余额，则会计分录为： 借：单位活期存款——贴现申请人户 　贷：贴现资产 贴现申请人账户余额不足时，不足部分转作逾期贷款，按逾期贷款的有关规定处理。会计分录为： 借：单位活期存款（实际支付部分） 　　贷款——逾期贷款（不足支付部分） 　贷：贴现资产 如为银行承兑汇票，收到划回款项的会计处理同上。承兑行在承兑汇票到期日预先向承兑申请人收取票款时，会计分录为： 借：应解汇款 　贷：单位活期存款——承兑申请人户 如果承兑申请人账户不足支付，则将不足部分转作逾期贷款，按逾期贷款的有关规定处理。会计分录与贴现银行向贴现申请人收取贴现款处理相同

四、支付结算业务的会计处理

（一）科目设置

银行在结算过程中主要通过“单位活期存款”科目办理收付。根据有关结算方式的特点，还应设置“汇出汇款”、“开出本票”科目以及“存放中央银行款项”、“清算资金往来”等科目。

“汇出汇款”科目核算银行接受单位或个人申请向其签发的银行汇票金额，该科目按申请人设置明细账；“开出本票”科目核算银行接受单位或个人申请向其签发本票的金额；“贴现资产”科目核算银行按一定的贴现率对工商企业提出的银行承兑汇票和商业承兑汇票予以贴现的款项。

（二）账务处理（表 7-7）

表 7-7　账 务 处 理

要　　点	内　　容
支票结算业务	①收、付款单位在同一行处开户，持票人提交支票和进账单时，银行经审无误，会计分录为： 借：单位活期存款——出票人户 　贷：单位活期存款——收款单位户

（续表 7-7）

<table>
<tr><th>要　点</th><th>内　容</th></tr>
<tr><td>支票结算业务</td><td>②收、付款单位不在同一行处开户，收款单位开户行根据票据交换收妥的支票办理转账，会计分录为：
借：存放中央银行款项
　贷：单位活期存款——收款单位
付款单位开户行对支票审查无误后，办理转账，会计分录为：
借：单位活期存款——付款单位
　贷：存放中央银行款项</td></tr>
<tr><td>银行本票结算业务</td><td>①银行签发本票的处理。客户申请签发银行本票时，银行收妥款项，据以签发本票，会计分录为：
借：单位活期存款
　库存现金（个人申请签发时）
　贷：开出本票
②兑付行兑付本票的处理。代理付款行接到收款人或被背书人交来的银行本票和进账单，按规定审查无误后，办理兑付，会计分录为：
借：存放中央银行款项
　贷：单位活期存款
　　库存现金（个人兑付时）
③签发行与代理付款行结清本票款的处理。签发行收到票据交换提入的本票，经审无误，会计分录为：
借：开出本票
　贷：存放中央银行款项
签发行直接受理兑付本行签发的本票时，会计分录为：
借：开出本票
　贷：单位活期存款
　　库存现金（个人兑付时）
④本票退款的处理。申请人请求签发行退回本票款时，会计分录为：
借：开出本票
　贷：单位活期存款
　　库存现金（个人申请人）</td></tr>
<tr><td>银行汇票结算业务</td><td>①出票行签发银行汇票的处理。由申请人填送汇票委托书，经银行审查无误后办理转账，会计分录为：
借：单位活期存款——汇款单位
　库存现金（个人申请时）
　贷：汇出汇款
②代理付款行兑付汇票的处理。代理付款行收到收款人提交的汇票和进账单，按有关规定审查无误后，分为两种情况处理：
收款人为本行开户单位的，会计分录为：
借：清算资金往来
　贷：单位活期存款——收款人户</td></tr>
</table>

（续表 7-7）

<table>
<tr><th>要　点</th><th>内　容</th></tr>
<tr><td>银行汇票结算业务</td><td>收款人为未在本行开户的个人时，会计分录为：
借：清算资金往来
　贷：应解汇款
个人收款人支取现金时，会计分录为：
借：应解汇款
　贷：库存现金
③出票行结清银行汇票款的处理。出票行收到代理付款行寄来借方报单及解讫通知后，会计分录为：
借：汇出汇款
　贷：清算资金往来
如果有多余账款，则会计分录为：
借：汇出汇款
　贷：清算资金往来
　　　单位活期存款（汇票多余款）
　　　其他应付款（个人申请时）</td></tr>
<tr><td>汇兑结算业务</td><td>①汇出行办理汇款时的处理。银行受理客户提交的信汇或电汇凭证，经审无误后，会计分录为：
借：单位活期存款——汇款人
　贷：清算资金往来
如为个人交现金申请汇款，则会计分录为：
借：库存现金
　贷：应解汇款
同时，分录为：
借：应解汇款
　贷：清算资金往来
②汇入行收到汇款的处理。对收款人为本行开户单位的，直接入账，会计分录为：
借：清算资金往来
　贷：单位活期存款——收款人
收款人未在银行开户的，会计分录为：
借：清算资金往来
　贷：应解汇款
支取现金时，会计分录为：
借：应解汇款
　贷：库存现金
③退汇的处理。汇入行根据汇款人的要求或满 2 个月仍无法解付的，可退汇，退汇时，会计分录为：
借：应解汇款
　贷：清算资金往来</td></tr>
</table>

（续表 7-7）

要　点	内　容
汇兑结算业务	汇出行收到退回的款项时，汇款人如果在本行有账户的，会计分录为： 借：清算资金往来 　贷：单位活期存款——汇款人 汇款人未在银行开立账户的，会计分录为： 借：清算资金往来 　贷：其他应付款 汇款人支取现金时，会计分录为： 借：其他应付款 　贷：库存现金
委托收款与托收承付结算业务	委托收款与托收承付结算的账务处理基本相同 ①收款人开户行受理托收时，不做账务记载，但需在“发出托收结算凭证登记簿”上登记 ②付款人开户行受理托收时，同样不做账务记账，但需登记“定期代收结算凭证登记簿” ③付款人开户行办理划款时，会计分录为： 借：单位活期存款——付款人户 　贷：清算资金往来 ④委托行收到款项时，会计分录为： 借：清算资金往来 　贷：单位活期存款——收款人户
商业汇票结算业务	商业汇票到期的款项结算，一般通过银行办理委托收款。商业承兑汇票会计处理与委托收款方式相同。银行承兑汇票到期结算时，如承兑申请人无款或不足支付，承兑银行应将票款或不足部分转作承兑申请人的逾期贷款，按逾期贷款的有关规定处理，会计分录为： 借：单位活期存款（承兑申请人账上实际能支付部分） 　　贷款——逾期贷款（不足支付部分） 　贷：应解汇款 承兑行收到收款行寄来的“托收凭证”时，经审无误，及时付款，会计分录为： 借：应解汇款 　贷：清算资金往来

五、金融机构往来业务会计处理

（一）科目设置

金融机构往来业务通常设有“存放中央银行款项”、“存放同业”、“拆出资金”三个资产类科目和“向中央银行借款”、“同业存放”、“拆入资金”和“贴现负债”四个负债科目，以及资产负债共同类的“清算资金往来”科目，核算与人民银行、其他银行及金融机构之间的日常结算往来、再贴现和资金拆借业务。

（二）账务处理（表 7-8）

表 7-8 账 务 处 理

要 点	内 容
存放中央银行款项	①领取和交存现金。领取现金时，签发人民银行现金支票，借记“库存现金”科目，贷记“存放中央银行款项”科目。交存现金时填写现金交款单，作相反分录 ②缴存存款准备金。缴存财政性存款时，借记“缴存中央银行财政性存款”科目，贷记“存放中央银行款项”科目，退回时作相反分录；缴存一般性存款时，借记“缴存中央银行一般性款项”科目，贷记“存放中央银行款项”科目，退回时作相反分录
向中央银行借款	①向中央银行借入时，借记“存放中央银行款项”科目，贷记“向中央银行借款”科目，归还时作相反分录 ②收到中央银行再贴现款时，借记“存放中央银行款项”科目、“贴现负债”科目——利息调整户，贷记“贴现负债”科目——再贴现户 归还再贴现款时，借记“贴现负债”科目——再贴现户，贷记“存放中央银行款项”科目
同城票据清算	票据交换时，提出的应收、应付票据与提入的应收、应付票据，金额轧差后，如应付大于应收的，则借记“清算资金往来”科目——同城票据清算，贷记“存放中央银行款项”科目。如应收大于应付，则作相反分录
同业拆借	①拆入行的处理。拆入资金时，借记“存放中央银行款项”科目，贷记“拆入资金”科目——×× 行户。归还拆借资金本息时，借记“拆入资金”科目——×× 行户、“金融机构往来支出”科目——同业拆借利息支出户，贷记“存放中央银行款项”科目 ②拆出行处理。拆出资金时，借记“拆出资金”科目——×× 行户，贷记“存放中央银行款项”科目。收到归还拆借资金本息时，借记“存放中央银行款项”科目，贷记“拆出资金”科目——×× 行户、“金融机构往来收入”科目——同业拆借利息收入户

六、外汇买卖业务的会计处理（表 7-9）

表 7-9 外汇买卖业务的会计处理

要 点	内 容
科目设置	外汇买卖业务应设置“货币兑换”科目，用来核算银行发生的各种货币之间的买卖及兑换金额。本科目按币种进行明细核算。我国银行普遍采用外汇分账制进行外汇业务的核算
结、售汇的账务处理	①结汇。银行结汇（买入外汇）时，会计分录为： 借：库存现金或吸收存款（外币） 贷：货币兑换——外币户（外币） 借：货币兑换——人民币户（人民币） 贷：库存现金或吸收存款（人民币）

（续表 7-9）

要　　点	内　　容
结、售汇的账务处理	②售汇。银行售汇（卖出外汇）时，会计分录为： 借：库存现金或吸收存款（人民币） 　贷：货币兑换——人民币户（人民币） 借：货币兑换——美元户（外币） 　贷：库存现金或吸收存款（外币） 资产负债表日，银行应根据当日汇率计算汇兑损益。发生汇兑收益时，借记“货币兑换——人民币户”科目，贷记“汇兑损益”科目；发生汇兑损失时，借记“汇兑损益”科目，贷记“货币兑换——人民币户”科目

七、银行财务收支的会计处理（表 7-10）

表 7-10　银行财务收支的会计处理

要　　点	内　　容
科目设置	商业银行财务收支核算，应设置“利息收入”、“金融机构往来收入”、“手续费及佣金收入”、“汇兑损益”等科目以及“利息支出”、“金融机构往来支出”、“手续费及佣金支出”、“营业费用”等科目，各科目应按收入、支出的种类或项目设置明细账进行明细核算
主要账务的处理	①利息收入。各项贷款利息除有特殊规定者外，一般按权责发生制原则于资产负债表日计提应收利息并确认利息收入。计息时，借记“应收利息”科目，贷记“利息收入”科目。实际收到时，借记“单位活期存款”科目，贷记“应收利息”科目 ②金融机构往来收入。结计金融机构往来利息收入时，借记“应收利息”科目，贷记“金融机构往来收入”科目。实际收到时，借记“存放中央银行款项”等科目，贷记“应收利息”科目 ③手续费及佣金收入。收到结算业务手续费时，借记“单位活期存款”或“库存现金”等科目，贷记“手续费及佣金收入”科目 ④利息支出。商业银行同样也应按权责发生制原则于资产负债表日计提定期存款的应付利息并确认本期所有存款的利息支出费用，确认时，借记“利息支出”科目，贷记“应付利息”科目。实际支付定期存款利息时，借记“应付利息”科目，贷记“单位活期存款”、“库存现金”等科目 ⑤手续费及佣金支出。商业银行委托人民银行或其他商业银行办理支付结算时也应向其支付手续费，发生手续费支出时，会计分录为： 借：手续费及佣金支出 　贷：存放中央银行款项 ⑥营业费用。发生业务费用时，借记“营业费用”科目，贷记有关科目

第三节 金融企业财务报表分析

一、商业银行盈利能力指标的计算与分析（表 7-11）

表 7-11 商业银行盈利能力指标的计算与分析

要 点	内 容
资本利润率	资本利润率是净利润与净资产平均余额之比。其计算公式如下： 资本利润率（净资产收益率）= 净利润 / 净资产平均余额 ×100% 净资产平均余额 =（年初所有者权益余额 + 年末所有者权益余额）/ 2 该比率反映商业银行运用资本获得收益的能力。资本收益率越高，说明商业银行自有投资的经济效益越好，投资者的风险越低，值得投资和继续投资
资产利润率	资产利润率是利润总额与资产平均总额之比。其计算公式如下： 资产利润率（总资产报酬率）= 利润总额 / 资产平均总额 ×100% 资产平均总额 =（年初资产总额 + 年末资产总额）/ 2 该比率是衡量银行每一元资产能够创造多少税前利润的一个盈利能力指标。管理层可以通过提高生息资产比重，降低非生息资产比重以及控制成本和费用等多种途径来提高这一指标，从而提高资产利润率
成本收入比	成本收入比是商业银行营业费用与营业收入之比。其计算公式如下： 成本收入比 = 营业费用 / 营业收入 ×100%

二、商业银行经营增长指标的计算与分析（表 7-12）

表 7-12 商业银行经营增长指标的计算与分析

要 点	内 容
利润增长率	利润增长率 =（本年利润总额 - 上年利润总额）/ 上年利润总额 ×100% 该比率反映商业银行的利润增长水平和经营成长能力
经济利润率	经济利润率 =（净利润 - 净资产平均余额 × 资金成本）/ 净资产平均余额 ×100% 该比率反映商业银行扣除所有成本后的资本盈利能力。它弥补了资本利润率指标的缺陷，因为经济利润是扣除了包括资本成本在内的所有成本后的真实利润，是银行为出资人创造的真正的利润，消除了传统会计利润下企业认为“股东资本免费”的弊端

三、商业银行资产质量指标的计算与分析（表 7-13）

表 7-13 商业银行资产质量指标的计算与分析

要 点	内 容
不良贷款率	不良贷款率 =（次级类贷款 + 可疑类贷款 + 损失类贷款）/ 各类贷款余额 ×100%

（续表 7-13）

要　点	内　容
拨备覆盖率	拨备覆盖率＝贷款损失准备／（次级类贷款＋可疑类贷款＋损失类贷款）×100% 该比率是衡量商业银行贷款损失准备金计提是否充足的一个重要指标，已被监管当局用作衡量商业银行弥补不良贷款损失能力的一个硬指标。银监会要求系统重要性银行应于 2013 年年底前达到 150% 的拨备覆盖率水平
杠杆率	杠杆率＝一级资本／调整后表内表外资产余额 ×100% 该比率反映商业银行通过负债经营谋求较高权益收益的能力，杠杆率低的经济意义是少量的资本支撑着大量的负债

四、偿付能力指标的计算与分析（表 7-14）

表 7-14　偿付能力指标的计算与分析

要　点	内　容
资本充足率	资本充足率＝（总资本－对应资本扣减项）／风险加权资产 ×100% 商业银行总资本包括核心一级资本、其他一级资本和二级资本。商业银行风险加权资产包括信用风险加权资产、市场风险加权资产和操作风险加权资产
核心一级资本充足率	核心一级资本充足率＝（核心一级资本－对应资本扣减项）／风险加权资产×100%

第四节　国内支付结算业务

一、支付结算业务概述（表 7-15）

表 7-15　支付结算业务概述

要　点	内　容
支付结算的概念	支付结算是指单位、个人在社会经济活动中使用票据、银行卡和汇兑、托收承付、委托收款等结算方式进行货币给付及其资金清算的行为。支付结算可以根据不同的标准进行分类： ①按支付的货币形式不同，可分为现金结算和转账结算 ②按支付工具的不同，可分为票据结算和非票据结算。票据结算有汇票、本票和支票结算，非票据结算有汇兑、委托收款、托收承付、银行卡和国内信用证结算等 ③按支付的地域不同，有同城结算、异地结算

（续表 7-15）

要　点	内　容
办理支付结算的基本原则	①恪守信用，履约付款 ②谁的钱进谁的账，由谁支配 ③银行不垫款
银行结算账户规定	机关、团体、部队、企业、事业单位和其他组织（以下统称单位）在银行开立的人民币存款账户按用途分为基本存款账户、一般存款账户、临时存款账户和专用存款账户 ①基本存款账户。基本存款账户是存款人的主办账户，存款人日常经营活动的资金收付及其工资、奖金和现金的支取，应该通过该账户办理 ②一般存款账户。一般存款账户是存款人因借款或其他结算需要，在基本存款账户开户银行以外的银行营业机构开立的银行结算账户。该账户用于办理存款人借款转存、借款归还和其他结算的资金收付，还可以办理现金缴存，但不得办理现金支取 ③临时存款账户。临时存款账户是存款人因临时需要并在规定期限内使用而开立的银行结算账户。该账户用于办理临时机构以及存款人临时经营活动、注册验资而发生的资金收付，其现金支取应按照国家现金管理的规定办理 ④专用存款账户。专用存款账户是存款人按照法律、行政法规和规章，对其特定用途资金进行专项管理和使用而开立的银行结算账户
支付结算的方式	我国在 20 世纪 80 年代末期初步形成了以汇票、本票、支票和信用卡“三票一卡”为主体的新的支付结算体系。我国当前支付结算可分为以“三票一卡一证”为工具进行的货币收付和以银行为中心的汇兑、托收承付、委托收款方式进行的货币收付
中国现代化支付系统	中国现代化支付系统是中国人民银行按照我国支付清算需要，并利用现代计算机技术和通信网络开发建设的，能够高效、安全处理各银行办理的异地、同城各种支付业务及其资金清算和货币市场交易的资金清算的应用系统 中国现代化支付系统由两个业务应用系统和两个辅助支持系统组成。两个业务应用系统是大额支付系统和小额批量支付系统，两个辅助支持系统是清算账户管理系统和支付管理信息系统 大额支付系统采取逐笔实时方式处理支付业务，全额清算资金。建设大额支付系统的目的，就是为了给各银行和广大企业单位以及金融市场提供快速、高效、安全、可靠的支付清算服务，防范支付风险 小额批量支付系统采取批量发送支付指令，轧差净额清算资金。建设小额批量支付系统的目的，是为社会提供低成本、大业务量的支付清算服务

二、银行汇票结算（表 7–16）

银行汇票是出票银行签发的，由其在见票时按照实际结算金额无条件支付给收款人或者持票人的票据。

表 7–16　银行汇票结算

要　点	内　容
银行汇票结算的适用对象、范围及条件	①银行汇票的出票银行为银行汇票的付款人 ②单位和个人各种款项结算，均可使用银行汇票 ③银行汇票的出票和付款，限于参加“全国联行往来”的银行机构办理
银行汇票结算的基本程序及主要规定	（1）客户申请 （2）出票行签发汇票 签发银行汇票必须记载下列事项： ①表明“银行汇票”的字样 ②无条件支付的承诺 ③出票金额 ④付款人名称 ⑤收款人名称 ⑥出票日期 ⑦出票人签章 欠缺上述记载之一的，银行汇票无效。申请人或者收款人为单位的，银行不得为其签发现金银行汇票 （3）汇票的交付及背书转让。申请人应将银行汇票和解讫通知交付给汇票记明的收款人。收款人可以将未填“现金”字样的银行汇票经背书转让给其他单位或个人。转让时，应在“背书人”栏签章，填明背书日期和被背书人。区域性银行汇票应在区域内背书转让。银行汇票背书转让，以实际结算金额为准，实际结算金额超过出票金额的银行汇票，被背书人或代理付款人不予受理 （4）提示付款。银行汇票提示付款期限自出票日起 1 个月内。持票人对填明“现金”字样的银行汇票，需要委托他人向银行提示付款的，应在银行汇票背面“背书”栏签章，记载“委托收款”字样。支取现金的，银行汇票上必须有出票时按规定填明的“现金”字样，才能办理。未填明“现金”字样，需要支取现金的，由代理付款人按照现金管理规定审查支付。临时存款账户只付不收，付完清户，不计付利息
构成银行汇票无效的行为	①银行汇票的金额、出票日期、收款人名称不得更改，更改的票据无效。对票据上的其他记载事项，原记载人可以更改，更改时应当由原记载人在更改处签章证明 ②银行汇票金额以中文大写和阿拉伯数字同时记载，二者必须一致，二者不一致的票据无效 ③背书不得附有条件。背书附有条件的，所附条件不具有汇票上的效力。同时将汇票金额一部分转让的背书或者将汇票金额分别转让给两人以上的背书无效

（续表 7-16）

要　点	内　容
构成银行汇票无效的行为	④银行汇票的实际结算金额不得更改，更改实际结算金额的银行汇票无效 ⑤公示催告期间票据转让的行为无效 ⑥现金银行汇票不得背书转让，背书转让后转让行为无效
银行不得受理的银行汇票	①银行汇票提示付款期限自出票日起 1 个月内，持票人超过付款期限提示付款的，代理付款人不予受理 ②未填明实际结算金额和多余金额或实际结算金额超过出票金额的，银行不予受理 ③持票人向银行提示付款时，必须同时提交银行汇票和解讫通知，缺少任何一联，银行不予受理
银行汇票结算的其他规定	①银行汇票有多余金额的，应将多余金额转入其申请人账户，如申请人未在出票行开立存款账户，则应先转入“其他应付款”账户并及时通知申请人来行办理取款手续 ②收款人或持票人超过期限提示付款而不获付款的，在票据权利时效内可以向出票行请求付款 ③申请人由于汇票超过提示付款期限或其他原因要求退款时，应交回汇票和解讫通知 ④银行汇票丧失，失票人可凭人民法院出具的其享有票据权利的证明，向出票银行请求付款或退款

三、商业汇票结算（表 7-17）

表 7-17　商业汇票结算

要　点	内　容
概　述	商业汇票是出票人签发的，委托付款人在指定日期无条件支付确定的金额给收款人或者持票人的票据。商业汇票分为商业承兑汇票和银行承兑汇票。商业承兑汇票由银行以外的付款人承兑。银行承兑汇票由银行承兑。商业汇票的付款人为承兑人
商业汇票结算的适用对象、范围及条件	①在银行开立存款账户的法人以及其他组织之间，必须具有真实的交易关系或债权、债务关系，才能使用商业汇票 ②与付款人具有真实的委托付款关系，具有支付汇票金额的可靠资金来源
商业汇票结算的基本程序及主要规定	（1）商业汇票的签发和承兑。商业承兑汇票可以由付款人签发并承兑，也可以由收款人签发交由付款人承兑；银行承兑汇票应由在承兑银行开立存款账户的存款人签发 商业汇票可以在出票时向付款人提示承兑后使用，也可以在出票后先使用再向付款人提示承兑。定日付款或出票后定期付款的商业汇票，持票人应当在汇票到期日前向付款人提示承兑。见票后定期付款的汇票，持票人应当自出票日起 1 个月内向付款人提示承兑。汇票未按照指定期限提示承兑的，持票人丧失对其前手的追索权

（续表 7-17）

要　　点	内　　容
商业汇票结算的基本程序及主要规定	付款人承兑商业汇票，应当在汇票正面记载“承兑”字样和承兑日期并签章。付款人承兑商业汇票，不得附有条件；承兑附有条件的，视为拒绝承兑 银行作为承兑人，承兑银行必须具备三项条件： ①与出票人具有真实的委托付款关系 ②具有支付汇票金额的可靠资金 ③内部管理完善，经其法人授权的银行审定 （2）商业汇票的背书转让与贴现。实付贴现金额按票面金额扣除贴现日至汇票到期前 1 日的利息计算。承兑人在异地的，应另加 3 天的划款日期 （3）提示付款。商业汇票的提示付款期限为自汇票到期日起 10 天内。应在汇票背面记载“委托收款”字样。银行承兑汇票的出票人应于汇票到期前将款足额交存其开户银行。承兑银行待到期日凭票将款项付给收款人或持票人。出票人在汇票到期日未能足额交存票款时，承兑银行除凭票向收款人或持票人无条件付款外，应根据承兑协议规定，对出票人执行扣款，并对尚未扣回的承兑金额每天按万分之五计收罚息

四、银行本票结算（表 7-18）

银行本票是银行签发的，承诺自己在见票时无条件支付确定的金额给收款人或者持票人的票据。

表 7-18　银行本票结算

要　　点	内　　容
银行本票结算的适用对象、范围及条件	①单位和个人在同一票据交换区域需要支付各种款项，均可以使用银行本票。银行本票可以用于转账，注明“现金”字样的银行本票可以用于支取现金 ②银行本票的出票人，为经中国人民银行当地分支行批准办理银行本票业务的银行机构
银行本票结算的基本程序及主要规定	（1）客户申请 （2）银行签发本票。银行受理银行本票申请书并收妥款项后，据以签发银行本票。银行本票必须记载下列内容： ①表明“银行本票”的字样 ②无条件支付的承诺 ③确定的金额 ④收款人名称 ⑤出票日期 ⑥出票人签章 签发的银行本票用于转账的，在银行本票上划去“现金”字样。申请人和收款人均为个人，需要支取现金的，在银行本票上划去“转账”字样

（续表 7-18）

要　点	内　容
银行本票结算的基本程序及主要规定	（3）银行本票的交付与背书转让。填明“现金”字样的银行本票不得背书转让 （4）提示付款。银行本票见票即付，付款期限自出票日起最长不超过2个月
银行本票结算的其他规定	①申请人因银行本票超过提示付款期限或其他原因要求退款时，可持银行本票到出票银行办理退款 ②银行本票丧失，失票人可凭人民法院出具的其享有票据权利的证明，向出票银行请求付款或退款

五、支票结算（表 7-19）

表 7-19　支 票 结 算

要　点	内　容
概　述	支票是出票人签发的，委托办理支票存款业务的银行在见票时无条件支付确定的金额给收款人或者持票人的票据。支票分为现金支票、转账支票和普通支票。现金支票只能用于支取现金，转账支票只能用于转账，普通支票既可以用于支取现金，也可以用于转账。普通支票左上角划两条平行线的为划线支票，划线支票只能用于转账，不能支取现金
支票结算的适用对象、范围及条件	①单位和个人的款项结算均可使用支票。支票可以在全国范围内通用。支票不受金额起点限制 ②支票的出票人，为在经中国人民银行批准办理支票业务的银行机构开立可以使用支票的存款账户的单位和个人
支票结算的基本程序及主要规定	（1）客户签发支票。签发支票必须记载下列事项： ①表明“支票”的字样 ②无条件支付的委托 ③确定的金额 ④付款人名称 ⑤出票日期 ⑥出票人签章 支票的金额、收款人名称，可以由出票人授权补记。来补记前不得背书转让和提示付款。签发支票应使用碳素墨水或墨汁填写。不得签发空头支票和与其预留银行签章不符的支票 （2）背书转让。在同一票据交换区内，转账支票可以背书转让。现金支票不得背书转让 （3）提示付款。支票的提示付款期限自出票日起 10 天。超过提示付款期限提示付款的，持票人开户银行不予受理，付款人不予付款。出票人仍应对收款人或持票人承担付款责任

（续表 7-19）

要　点	内　容
支票结算的其他规定	①支票的出票人预留银行签章是银行审核支票付款的依据。银行也可以与出票人约定使用支付密码，作为银行审核支付支票金额的条件 ②存款人领购支票，必须填写“支票领用单”，并加盖预留银行签章。账户结清时，必须将全部剩余空白支票交回银行注销

六、国内汇兑结算（表 7-20）

国内汇兑是汇款人委托银行将款项支付给异地收款人的结算方式，分为电汇、信汇两种，由汇款人选择使用。

表 7-20　国内汇兑结算

要　点	内　容
国内汇兑结算的适用对象和范围	单位和个人各种款项的结算，均可使用汇兑结算方式。汇兑结算不受金额起点限制
国内汇兑结算的基本程序及主要规定	（1）申请汇款。由汇款人填写汇兑凭证，并记载下列事项： ①表明“电汇”或“信汇”的字样 ②无条件支付的委托 ③确定的金额 ④收款人名称 ⑤汇款人名称 ⑥汇入地点、汇入行名称 ⑦汇出地点、汇出行名称 ⑧委托日期 ⑨汇款人签章 汇兑凭证上欠缺上列记载事项之一的，银行不予受理 汇款人确定不得转汇的，应在汇兑凭证备注栏注明“不得转汇”字样 汇款回单只能作为汇出银行受理汇款的依据，不能作为该笔汇款已转入收款人账户的证明 （2）汇款解付。未填明“现金”字样需要支取现金的，由汇入银行按照现金管理规定审查支付
国内汇兑结算的其他规定	①转汇。当收款人对汇入款需要转汇时，必须先办理解付后，再委托汇入行重新办理信汇或电汇结算。转汇的收款人必须是原收款人。原汇入银行必须在信汇或电汇凭单上加盖“转汇”戳记。转汇银行不得受理汇款人或汇出银行对汇款的撤销或退汇 ②退汇。汇款人对汇出银行已经汇出的款项可以申请退汇。对在汇入银行开立存款账户的收款人，由汇款人与收款人自行联系退汇；对未在汇入银行开立存款账户的收款人，由汇出银行通知汇入银行，经汇入银行核实汇款确未支付，并将款项汇回汇出银行，方可办理退汇；汇入银行对于收款人拒绝接受的汇款，应即办理退汇。汇入银行对于向收款人发出取款通知，经过 2 个月无法支付的汇款，应主动办理退汇 ③汇款人对汇出银行尚未汇出的款项可以申请撤销。汇出银行查明确未汇出款项的，收回原电、信汇回单，方可办理撤销

七、托收承付结算（表 7–21）

表 7–21　托收承付结算

要　点	内　容
概　述	托收承付是根据购销合同由收款人发货后委托银行向异地付款人收取款项，由付款人向银行承认付款的结算方式。托收承付结算每笔的金额起点为 1 万元。新华书店系统每笔的金额起点为 1000 元。托收承付结算款项的汇回方法，分邮寄和电报两种，由收款人选用
托收承付结算的适用对象、范围及条件	①使用托收承付结算方式的收款单位和付款单位，必须是国有企业、供销合作社以及经营管理较好，并经开户银行审查同意的城乡集体所有制工业企业 ②办理托收承付结算的款项，必须是商品交易，以及因商品交易而产生的劳务供应的款项。代销、寄销、赊销商品的款项，不得办理托收承付的结算 ③收付双方使用托收承付结算，必须签订了符合《中华人民共和国合同法》的购销合同，并在合同上订明使用托收承付结算方式 ④收付款双方办理托收承付结算业务必须重合同、守信用。收款人对同一付款人发货托收累计三次收不回货款的，收款人开户银行应暂停其向该付款人办理托收。付款人累计三次提出无理拒付的，付款人开户银行应暂停其向外办理托收
托收承付结算的基本程序及主要规定	①托收。收款人按照签订的购销合同发货后，填写托收凭证，委托银行办理托收 ②承付。付款人接到付款通知和有关单证后，应在规定的付款期内付款。付款分验单付款和验货付款两种：验单付款的承付期为 3 天，从付款人开户银行发出通知的次日算起（承付期内遇法定休假日顺延）；验货付款的承付期为 10 天，从运输部门向付款人发出提货通知的次日算起。付款人在承付期内，未向银行表示拒绝付款的，银行即视作承付，并在承付期满的次日（法定休假日顺延）上午银行开始营业时，将款项主动从付款人账户内划出。付款人需提前付款的，通知银行后即为其办理划款 ③逾期付款。付款人在承付期满日银行营业终了时，如无足够资金支付全部款项，即为逾期付款。对延付款项每天处以万分之五的逾期付款赔偿金。银行负责进行扣款的期限为 3 个月。期满后，银行退回有关单证，由收付款双方自行解决 ④拒绝付款。付款人在承付期内可按规定向银行提出全部或部分拒绝付款，填写“拒绝付款理由书”。不符规定、依据不足的，不予受理。经审查同意拒付的，在拒付理由书上签注意见后给予办理 ⑤重办托收。收款人对被无理拒绝付款的托收款项，需要委托银行重办托收的，应填写“重办托收理由书”，连同购销合同、有关证据和退回的原托收凭证及交易单证，一并送交银行。经开户银行审查，确属无理拒绝付款，可以重办托收

八、国内委托收款结算（表 7-22）

国内委托收款是收款人委托银行向付款人收取款项的结算方式。委托收款结算款项的划回方式分邮寄和电报两种，由收款人选择。

表 7-22　国内委托收款结算

要　点	内　容
国内委托收款结算的适用对象、范围及条件	①单位和个人凭已承兑商业汇票、债券、存单等付款人债务证明办理款项的结算，均可以使用委托收款结算方式 ②委托收款在同城、异地均可以使用，不受金额起点限制
国内委托收款结算的基本程序及主要规定	①委托。收款人应向开户银行提交委托凭证和有关的债务证明 ②付款。银行接到寄来的委托凭证及债务证明，审查无误后办理付款。将有关债务证明交给付款人的应交给付款人，并签收。付款人应于接到通知的当日，书面通知银行付款。付款人未在接到通知日的次日起 3 日内通知银行付款的，视同付款人同意付款，银行应于付款人接到通知的次日起至第 4 日上午开始营业时，将款项划给收款人 ③拒绝付款。付款人审查有关债务证明后，对收款人委托收取的款项拒绝付款的，应在接到付款银行发出通知的次日起 3 日内出具拒绝证明，连同有关债务证明送交开户银行，银行将拒绝证明和有关凭证寄给收款人开户银行转交收款人
国内委托收款的其他规定	在同城范围内，收款人收取公用事业费或根据国务院的规定，可以使用同城特约委托收款。收取公用事业费，必须具有收付双方事先签订的经济合同，由付款人向开户银行授权，并经开户银行同意，报经中国人民银行当地中心支行批准

第八章　金融风险与金融监管

本章知识体系

金融风险与金融监管
- 金融风险概述
- 商业银行风险管理
- 金融监管概述
- 金融监管实践

第一节　金融风险概述

一、金融风险的定义和特征（表 8–1）

表 8-1　金融风险的定义和特征

要　点	内　容
金融风险的定义	一般认为，金融风险是在资金的融通和货币的经营过程中，由于各种事先无法预料的不确定因素带来的影响，使得资金经营者的实际收益与预期收益发生一定的偏差，从而蒙受损失或者面临经营困难的可能性。这种经营困难的可能性表现在： ①经营损失可能发生在经营活动中的各个环节 ②即使没有出现直接损失，也可能出现风险
金融风险的特征	①金融风险是出现损失和经营困难的可能性，是指风险发生的概率 ②金融风险的不确定性。即形成金融风险的要素和所产生的损失难以完全预计，风险无时无处不在 ③金融风险的可测性。指能够根据历史或者相关资料的分析和对主要风险指标的计算结果而对风险程度做出综合判断 ④金融风险的可控性。通过科学的决策和严格的管理措施，可以大大降低金融风险发生的概率，直至完全控制或者化解 ⑤金融风险的相关性。金融风险与经营者的行为和决策紧密相连。同一风险事件对不同的经营者会产生不同的风险，同一经营者由于对不同事件所采取的不同措施也会产生不同的风险结果

二、金融风险的分类（表 8–2）

银行业风险分为信用风险、国家风险、市场风险、利率风险、流动性风险、操作风险、法律风险和声誉风险八大类风险。其中，特别强调信用风险、市场风险和操作风险。

表 8–2　金融风险的分类

要　点	内　容
信用风险	信用风险是指交易对象无力履约的风险。信用风险不但存在于贷款中，也存在于其他表内与表外业务，如担保、承兑和证券投资中
国家风险	国家风险是指与借款人所在国的经济、社会和政治环境方面有关的风险。国家风险的一种表现形式是“转移风险”，即当借款人的债务不是以本币计值时，不管借款人的财务状况如何，有时借款人可能无法得到外币
市场风险	市场风险是指由于市场价格的变动，银行的表内和表外头寸遭受损失的风险。市场风险主要包括： ①汇率风险。由于汇率的变动而导致银行收益的不确定性 ②价格波动风险。银行投资买卖动产、不动产时，由于市场价格的波动造成收益和资产价值下降的风险
利率风险	利率风险是指金融企业的财务状况在利率出现不利波动时面临的风险。利率风险不仅影响银行的盈利水平，也影响其资产、负债和表外金融工具的经济价值。其主要形式有： ①重新定价风险。在固定利率前提下因银行资产、负债和表外头寸到期日不同重新定价，以及在浮动利率前提下重新定价的时间不同而面临的风险 ②利率变动风险。利率变动造成金融企业存贷款利差缩小或者发生负利差，使金融企业遭受损失 ③基准风险。当两类利率的变动之间存在不完全的相关性，因而产生了利率基准风险 ④期权性风险。产生于银行资产、负债和表外业务中的各种期权风险
流动性风险	流动性风险是指金融企业无力为负债的减少或资产的增加提供融资而造成损失或破产的风险。当流动性不足时，金融企业无法以合理的成本迅速增加负债或变现资产获得足够的资金，从而影响了其盈利水平。在极端情形下，流动性不足会造成清偿问题
操作风险	操作风险是指由于不完善或有问题的内部操作程序、人员和系统或因外部事件导致直接或间接损失的风险。最重大的操作风险在于金融企业内部控制及公司治理机制的失效，从而可能因为失误、欺诈、未能及时做出反应而导致金融企业财务损失。操作风险的其他方面包括信息技术系统的重大缺陷、日常工作差错和其他自然灾难等
法律风险	法律风险是指因不完善、不正确的法律意见、文件而造成金融企业同预计情况相比资产价值下降或债务增大的风险
声誉风险	声誉风险是指因操作上的失误、违反有关法规、经营管理水平差、资产质量和财务状况恶化，以及错误的舆论导向和市场谣言等其他事故而使金融企业在声誉上可能造成的不良影响

根据引发金融风险因素的特征，金融风险又可以分为系统性金融风险和非系统性金融风险。前者是指由于宏观方面的因素引起的，对整个金融系统和经济活动造成破坏和损失的可能性，如利率风险、汇率风险、国家风险等，这方面的因素包括经济周期、国家宏观经济政策的变化等。由于这种风险影响所有的金融活动参与主体及其所特有的金融资产和金融负债的价值，一般不能通过多元化分散或投资组合相互抵消、消减，因此又称之为不可分散风险。后者是指金融机构或其他融资主体由于决策失误、经营管理不善、违规经营或债务人违约等微观因素引起的、个别或部分金融企业或其他融资主体在融资活动中遭受损失或不获利的可能性。由于通过加强管理、多元化分散融资，这种风险可能有所降低，甚至还有可能消除，因此又将其称为可分散风险。

按照金融风险存在或替代的程度不同，又可将金融风险分为轻度风险、严重风险和金融危机三个级次。

三、我国金融风险形成的原因（表 8–3）

表 8-3　我国金融风险形成的原因

要　点	内　容
外部因素	①经济体制改革和经济结构调整的遗留问题 ②宏观经济波动导致金融风险加剧 ③自然灾害也是形成金融风险的因素
内部因素	①商业银行公司治理不规范，缺乏有效的监督管理机制 ②内控制度不健全，存在管理漏洞 ③决策的科学性和前瞻性不强 ④制度执行不力，管理不严，处罚不力 ⑤没有按照风险管理原则审慎经营 ⑥监管有效性尚需提高

四、金融风险管理的概念与目的

（一）金融风险管理的概念

金融风险管理是指金融企业在筹集和经营资金的过程中，对金融风险进行识别、衡量和分析，并在此基础上有效地控制与处置金融风险，用最低成本，即用最经济合理的方法来实现最大安全保障的科学管理方法。

（二）金融风险管理的目的

1. 减少损失
2. 保障经营目标的实现
3. 有利于社会资源的优化配置
4. 促进经济的稳定发展

五、金融风险管理的原则

1. 全面风险管理原则
2. 集中管理原则
3. 垂直管理原则
4. 独立性原则

六、金融风险管理的一般程序

1. 金融风险的度量
2. 风险管理对策的选择和实施方案的设计
3. 金融风险管理方案的实施和评价
4. 风险报告
5. 风险管理的评估
6. 风险确认和审计

第二节　商业银行风险管理

一、商业银行信用风险管理（表 8–4）

表 8–4　商业银行信用风险管理

要　点	内　容
信用风险的主要特点	①道德风险是形成信用风险的重要因素 ②信用风险具有明显的非系统性风险特征 ③信用风险缺乏量化的数据基础 ④组合信用风险的测定具有一定难度
信用风险的监测指标	①不良资产率为不良资产余额与资产余额之比，一般不应高于 4%；不良贷款率为不良贷款余额与贷款余额之比，一般不应高于 5% ②单一集团客户授信集中度为最大一家集团客户授信总额与资本净额之比，一般不应高于 15%；单一客户贷款集中度为最大一家客户贷款总额与资本净额之比，一般不应高于 10% ③全部关联度为全部关联客户授信与资本净额之比，一般不应高于 50% ④贷款损失准备充足率为贷款实际计提损失准备与应提准备之比，一般不低于 100%
信用风险的管理措施	良好的信用风险管理至少包括以下四个方面： ①建立适当的信用风险环境 ②在健全的授信程序下运营 ③保持适当的授信管理、计量和监测程序 ④确保对信用风险的充分控制

（续表 8-4）

要　点	内　容
不良贷款管理	“五级分类”法，即按照贷款风险程度的不同将贷款划分为正常类贷款、关注类贷款、次级类贷款、可疑类贷款和损失类贷款，其中后三类合称为不良贷款。其中，正常贷款是指借款人能够履行合同，没有足够理由怀疑贷款本息不能按时足额偿还。关注类贷款是指尽管借款人目前有能力偿还贷款本息，但是存在一些可能对偿还贷款本息产生不利影响的因素。次级类贷款是指借款人的还款能力出现明显的问题，依靠其正常经营收入已无法保证足额偿还本息，即使执行担保，也可能会造成一定损失。可疑类贷款是指借款人无法足额偿还本息，即使执行抵押或担保，也肯定要造成较大损失。损失类贷款是指在采取所有可能的措施和一切必要的法律程序之后，本息仍然无法收回，或只能收回极少部分 商业银行不良贷款管理要遵循以下基本原则：一是经济原则，二是内部制衡原则，三是统一原则，四是可比原则

二、商业银行市场风险管理（表 8–5）

表 8-5　商业银行市场风险管理

要　点	内　容
市场风险的主要特点	由于市场风险主要来自所属经济体系，各种系统性因素（如汇率、利率、政策因素、宏观环境等）带来的风险是不可能通过分散化予以消除的，因此具有明显的系统性风险特征。同时，市场风险相对于信用风险等而言，数据更为充分，更适于采用量化技术加以分析与控制
市场风险的影响	金融产品的创新导致市场的波动性加剧，识别、计量风险的难度加大，市场风险的隐蔽性和危害性加重，市场风险逐步上升为威胁银行生存的重要风险来源
市场风险的衡量指标	市场风险指标衡量商业银行因汇率和利率变化而面临的风险，包括累计外汇敞口头寸比例和利率风险敏感度 累计外汇敞口头寸比例为累计外汇敞口头寸与资本净额之比，一般不应高于 20% 利率风险敏感度为利率上升 100 个或 200 个基点对银行净值的影响与资本净额之比
市场风险的管理措施	①董事会和高级管理层监控的有效性 ②市场、风险管理政策和程序的完善性 ③市场、风险的识别、计量、监测和控制的有效性 ④内部控制和外部审计的完善性 ⑤适当的市场、风险资本分配机制

三、商业银行操作风险管理（表 8–6）

表 8-6　商业银行操作风险管理

要　　点	内　　容
操作风险的主要特点	①操作风险主要源于银行业务操作，操作风险大多是银行可控范围内的内生风险，而信用风险和市场风险更多的是外生风险 ②对于信用风险和市场风险来说，存在风险与收益的一一对应关系，但这种关系并不一定适用于操作风险，操作风险损失在大多数情况下与收益的产生没有必然联系 ③操作风险包括许多不同的种类，如信息技术风险、欺诈风险等，使其成为很难界定的残值风险，许多新的风险还会不断归并其中
操作风险的分类	操作风险分为七类： ①内部欺诈 ②外部欺诈 ③雇佣合同以及工作状况带来的风险 ④客户、产品与业务活动带来的风险 ⑤有形资产损失 ⑥经营中断和系统错误 ⑦涉及执行、交割和流程管理的风险
操作风险的管理措施	（1）监管机构的任务 ①建立评估机制 ②监管评估的范围 ③监管措施的制定 ④鼓励银行持续改善内部管理 （2）银行操作风险管理的三道防线 ①业务条线管理。即明确各业务单位的人员在识别和管理银行产品、服务和活动中的内在风险的责任。这是操作风险管理的第一道防线 ②独立的法人操作风险管理部门。法人操作风险管理部门作为业务条线管理的有效补充，是操作风险管理的第二道防线。其独立性程度依据银行的规模变动，其关键职责在于审查业务条线的投入与产出、银行的风险管理、风险测度和报告系统 ③独立的评估与审查。操作风险管理的第三道防线是对银行操作风险管理的操作、程序和系统进行独立评估和审查。实施此类评估和审查的人员必须经过培训，并保持独立。在必要时，银行可以引入具备资质的外部机构参与此类评估和审查

四、商业银行流动性风险管理（表 8-7）

表 8-7　商业银行流动性风险管理

要　点	内　容
流动性风险的主要特点	①流动性风险经常和信用风险、市场风险等联系在一起，是各种风险的最终表现形式，是银行业危机的直接原因 ②流动性风险与信用风险、市场风险和操作风险等相比，形成的原因更加复杂，涉及的范围更广，通常被视为一种多维风险 ③商业银行必须随时准备满足即时的现金需求，流动性风险具有季节性和突发性
流动性风险的衡量指标	流动性比例为流动性资产余额与流动性负债余额之比，一般用来衡量银行流动性的总体水平，我国规定该比例不应低于 25%。核心负债比例为核心负债与负债总额之比，一般不应低于 60%。核心负债为距到期日起 3 个月以上的定期存款、发行债券和活期存款的 50%。流动性缺口率为 90 天内表内外流动性缺口与 90 天内到期表内外流动性资产之比，一般不应低于 10% 针对流动性风险，规定了四项监管指标：流动性覆盖率、净稳定资金比例、存贷比和流动性比例指标
流动性风险的管理措施	一方面，在资金配置中适当地安排库存现金、中央银行存款、同业存款等流动性强的资产，资产结构在期限上采取多元化，实施资产证券化等；另一方面是通过临时性借款方式筹集资金，采取负债多元化等措施，维持流动性供给

第三节　金融监管概述

一、金融监管的含义及必要性（表 8-8）

表 8-8　金融监管的含义及必要性

要　点	内　容
金融监管的含义	金融监管是监管当局对金融企业监督和管理的总称
金融监管的必要性	金融业是一个特殊的高风险行业，容易发生支付危机的连锁效应，金融体系的风险直接影响宏观经济的稳定。金融企业的高级管理层和经营层容易受到短期利益、局部利益、关联利益和经营管理水平等诸多因素的影响，可能做出不正确或者不审慎的决策，进而对金融企业的稳健发展带来不利的影响，从而造成损失或者金融风险

二、金融监管的目标与原则（表 8–9）

表 8-9 金融监管的目标与原则

要点	内容
金融监管的目标	①安全性目标 ②效率性目标 ③公平性目标
金融监管的原则	①依法监管原则 ②合理、适度竞争原则 ③自我约束和外部强制相结合的原则 ④综合性监管原则 ⑤安全稳健与风险预防原则 ⑥社会经济效益原则

三、金融监管的依据

1. 金融市场的垄断与过度竞争

垄断与过度竞争的存在，需要让代表公众利益的政府在一定程度上介入金融领域，通过监管来纠正或消除其不良影响。

2. 金融体系的高风险与强外部性

金融业是一个特殊的高风险行业，具有极强的负外部性。

3. 金融领域的信息不对称与投资者保护

在金融领域，金融机构往往比投资者拥有更多的信息，从而有更多的机会将收益留给自己，而将风险或损失转嫁给投资者。为此，需要实施必要的市场监管，以规范与约束信息优势方（主要是金融机构），并保护储蓄者和投资者的利益。

四、金融监管的主要内容（表 8–10）

表 8-10 金融监管的主要内容

要点	内容
市场准入监管	我国商业银行的执照由中国银监会发放，要求设立全国性商业银行的注册资本最低限额为 10 亿元人民币，设立城市商业银行的注册资本最低限额为 1 亿元人民币。严格控制银行的注册审批，进而限制新银行的成立，可以避免银行间过度竞争
资本充足率监管	巴塞尔委员会将总资本充足率的最低标准定为 8%，并且规定核心资本的比例不得低于 4%，附属资本不得超过核心资本的 100%
流动性监管	2011 年，我国规定了流动性覆盖率、净稳定资金比例、存款比和流动性比例四项指标
信贷风险监管	我国对贷款集中度的监管体现在两个方面：对单一客户的贷款比例和对十家最大客户的贷款比例，前者规定不超过银行资本总额的 10%，后者规定不超过银行资本总额的 50%

（续表 8-10）

要　点	内　容
监管评级体系	监管评级体系从六个方面评估银行的经营状况：资本状况、资产质量、管理水平、收益状况、流动性、对市场风险的敏感性
存款保险制度	存款保险制度是指在银行类金融机构面临支付危机或濒临破产时，专门存款保险机构对受保护存款账户的本息给予全部或部分保障的制度
危机银行救助与关闭	银行监管机构一旦发现某家银行问题突出即将陷入危机状态，为防止其风险外溢并产生严重的负外部性，必经当即采取措施救助或关闭

第四节　金融监管实践

一、我国的金融监管体制（表 8-11）

表 8-11　我国的金融监管体制

要　点	内　容
金融监管体制的概念	金融监管体制是指金融监管职责和权力分配方式的制度安排，涉及监管的范围、监管的法律法规体系、监管主体的确立及其监管手段等，其中，金融监管主体以及职能划分构成了各国不同监管体制的主要差异
我国金融监管体制的演进	①统一监管阶段（1984—1992 年）。中国人民银行作为全能的金融监管机构，对金融业采取统一监管的模式 ②“一行两会”阶段（1992—2003 年）。将证券监管职能从中央银行分离，成立了国务院证券委员会和中国证券监督管理委员会，中国的金融监管开始向分业监管迈进。1998 年 11 月 18 日，成立中国保险监督管理委员会，原由中国人民银行行使的保险监管权交由中国保监会行使，我国金融分业监管体制基本形成。在“一行两会”体制下，中国人民银行负责对全国的商业银行、信用社、信托公司、财务公司等实施监管 ③“一行三会”，将原属于中国人民银行行使的银行监督职能剥离，交由中国银监会行使。由中国人民银行、中国银监会、中国证监会、中国保监会组成的“一行三会”分业监管格局正式形成 我国现行的金融监管主体包括中国人民银行、中国银监会、中国证监会、中国保监会。“一行三会”作为我国现阶段四大监管主体各司其职，分工合作，共同承担金融业的监管责任。我国现行金融监管体制的基本特征是分业监管。在目前的分业监管体制下，中央银行仍然承担着重要的职责，在特殊情况下，经国务院批准，中国人民银行有权直接对问题金融机构进行监督检查

二、发达国家的金融监管体制（表 8-12）

表 8-12　发达国家的金融监管体制

要　点	内　容
一元多头式金融监管体制	一元多头式金融监管体制是指全国的金融监管权集中于中央政府，地方没有独立的权力，在中央一级设立两家或两家以上监管机构，分别负责监管国内不同金融机构的一种监管体制
二元多头式金融监管体制	二元多头式金融监管体制是指中央和地方都对金融机构或金融业务拥有监管权，且不同的金融机构或金融业务由不同的监管机构实施监管
集权式金融监管体制	集权式金融监管体制指由中央的一家监管机构集中行使金融监管权
跨国式金融监管体制	跨国式金融监管体制是指多国在经济合作区域内，对区域内的金融机构实施统一监管的金融监管体制。跨国式金融监管体制的典型代表为欧盟

三、国内外金融监管的最新发展

1. 确立国际银行业监管新标准
2. 强化金融宏观审慎监管
3. 强化对系统重要性金融机构的监管
4. 扩大金融监管范围
5. 加强金融监管的国际协调合作

第九章 国 际 金 融

本章知识体系

国际金融
- 外汇与汇率
- 国际收支与国际储备
- 国际结算
- 国际货币体系

第一节 外汇与汇率

一、外汇概述（表9-1）

表9-1 外 汇 概 述

要　　点	内　　容
外汇的概念	外汇的概念有动态和静态两种含义：其动态含义是指将一种货币兑换成另一种货币，借此清偿国际债权、债务关系的行为活动；其静态含义是指以外国货币表示的为各国普遍接受的，可用于国际结算的支付手段
外汇的构成与表现形式	①外币现钞，包括纸币、铸币 ②外币支付凭证或者支付工具，包括票据、银行存款凭证、银行卡等 ③外币有价证券，包括债券、股票等 ④特别提款权 ⑤其他外汇资产
外汇的特点与作用	第一，以外币表示的国外资产 第二，可以兑换成其他支付手段的外币资产 第三，在国际上能得到偿还的货币债权 外汇是一种国际清偿债务的支付手段，所以它和黄金一样，被各国作为国际储备资产，在国际收支出现逆差时，凭以清偿对外债务。外汇资金的收入与支出、流入与流出，其结果将反映国家外汇储备和对外债权净额的变化

二、汇率及其类型

（一）汇率的概念

汇率又称汇价或外汇行市，是用一国货币表示另一国货币的价格，或一国货币折算成另一国货币的比率。

（二）汇率标价方式（表 9-2）

目前，在国际上常用的有三种标价方法：直接标价法、间接标价法和美元标价法。

表 9-2 汇率标价方式

要点	内容
直接标价法	用若干数量的本币表示一定单位的外币，或是以一定单位的外币为标准，折算成若干单位本币的一种汇率表示方法 目前世界上绝大多数国家都采用直接标价法。其特点是： ①外币的数量固定不变，折合本币的数量则随着外币币值和本币币值的变化而变化 ②汇率的涨跌都以本币数额的变化来表示
间接标价法	用若干数量的外币表示一定单位的本币，或是以一定单位的本币为标准，折算成若干单位外币的一种汇率表示方法 目前只有少数国家采用该标价法。其特点是： ①本币的数量固定不变，折合成外币的数额则随着本币和外币币值的变动而变动 ②汇率的涨跌都以相对的外币数额的变化来表示
美元标价法	以一定单位的美元为标准来计算应兑换多少其他货币的汇率表示方法。其特点是：美元的单位始终不变，美元与其他货币的比值是通过其他货币量的变化体现出来的

（三）汇率的种类

1. 即期汇率和远期汇率

远期汇率高于即期汇率称为升水，远期汇率低于即期汇率称为贴水。

2. 银行买入汇率、卖出汇率、中间汇率

中间汇率是买入汇率和卖出汇率的平均数。外汇现钞的卖出汇率要高于其他外汇凭证的卖出汇率。

3. 基础汇率与套算汇率

基础汇率是一国所制定的本国货币与关键货币之间的汇率。套算汇率是指在基础汇率基础上套算出来本币与非关键货币之间的汇率。

4. 官方汇率与市场汇率

5. 开盘汇率和收盘汇率

6. 名义汇率与实际汇率

$$实际汇率 = 名义汇率 - 通货膨胀率$$

（四）影响汇率变动的主要因素（表 9-3）

表 9-3　影响汇率变动的主要因素

要　点	内　容
国际收支状况	一国国际收支顺差，则外汇市场外汇供大于求，本币供不应求，结果是本币汇率上升
国内外利率水平差异	一国利率提高，吸引外资流入，造成对该国货币需求的增加，由此改善该国国际收支中资本账户的收支，促使本国货币汇率上升
通货膨胀	一国较高的通货膨胀率会削弱本国商品在国际市场的竞争能力，减少出口，同时提高外国商品在本国市场的竞争能力，增加进口。这样，将引起本国国际收支状况恶化，导致对外汇需求大于供给，促使本国货币在外汇市场汇率贬值。同时，如果一国通货膨胀率较高，人们会预期该国货币的汇率趋于疲软，继而在外汇市场上抛出持有的该国货币，造成该国货币汇率进一步下跌，即通货膨胀率越高，本币汇率越低
货币管理当局的干预	中央银行为了实现一定的政策目标，会对外汇市场的汇率进行不同程度的干预，意在实现汇率稳定或将汇率调控到一个对本国经济发展有利的水平上
国家宏观政策的取向	当一国实施紧缩的宏观经济政策时，通常会导致本币汇率上升，当一国实行扩张的宏观经济政策时，通常会导致本币汇率下跌
市场预期心理	如果市场参与者普遍看好某个国家的国际收支状况、通货膨胀及利率前景，就会在外汇市场上增加购进该国货币，造成其汇率上升

此外，还有其他因素影响汇率变动，如各国经济发展、政治局势和社会状况以及自然灾害等，但这些因素都是通过以上各种因素对汇率发生作用的。

三、汇率变动对经济的影响（表 9-4）

表 9-4　汇率变动对经济的影响

要　点	内　容
对贸易收支的影响	一国货币对外贬值会刺激出口、抑制进口
对非贸易收支的影响	本币贬值会使外币的购买力相对提高，从而加大旅游、劳务等非贸易项目的竞争力，导致本国非贸易外汇收入的增加
对外资和外债的影响	本币贬值会因为国内资产对外贬值，增加对外商投资的吸引力，但会使现有外商投资存量资产遭受汇兑损失，增加国内企业外债偿付负担
对国内物价水平的影响	当本币升值时，以本币表示的国内进口商品价格便会下降，进而带动国内同类商品价格以及用进口原料在本国生产的产品价格的下降

（续表 9-4）

要　点	内　容
对经济增长的影响	当一国货币对外贬值（汇率下降）时，其竞争产品在国际市场上的份额会扩大，从而使国际贸易收支状况得到改善，进一步带动国内出口产业的扩张，带动国内经济增长，实现充分就业

第二节　国际收支与国际储备

一、国际收支概述

（一）国际收支的概念

国际收支是指一个国家和一个地区与世界上其他国家或地区之间，由于贸易、非贸易和资本往来而引起的国际资金流动，从而发生的国际之间的资金收支行为。

（二）国际收支平衡表（表 9-5）

国际收支平衡表，是指按照一定的编制原则和格式，将一国一定时期内的国际收支不同项目进行排列组合，进行对比，以反映或说明该国的国际收支状况的统计表。

国际收支平衡表包括的主要项目有经常项目、资本与金融项目、结算或平衡项目、误差与遗漏项目。

表 9-5　国际收支平衡表

要　点	内　容
经常项目	如果经常项目差额有盈余，那就意味着这个国家成为国际债权者，表示该国商品劳务输出大于进口与输入 经常项目又分为贸易收支、劳务收支和转移三项 转移收支，又称单方面转移。包括官方和私人的赠款、汇款、赔款、援助
资本与金融项目	这是国际收支平衡表的第二大类项目，表示官方和私人长期与短期的资本流入和流出。资本项目记载的是金融资本的交易，从期限看可分为长期资本与短期资本 ①长期资本。长期资本是指 1 年以上和未定期限的资本。主要用于融通商品与劳务信贷、直接投资、有价证券投资与贷款等 ②短期资本。短期资本指 1 年内回流的资本，主要用于经济交易差额的暂时融通，包括短期的借贷、存款和贸易信用
结算或平衡项目	包括分配特别提款权和官方储备等项 ①分配特别提款权。特别提款权可以用来调节一个国家的国际收支，一国国际收支逆差时，可动用特别提款权偿付逆差，并且可以直接用特别提款权偿还基金组织的贷款

（续表 9-5）

要　点	内　容
结算或平衡项目	②官方储备。官方储备是指一个国家由官方所持有的国际储备资产，包括黄金、外汇和特别提款权。国际收支如果不平衡，就要通过动用官方储备来弥补或轧平这个时期国际收支的差额，实现该时期国际收支的平衡 由于这些项目都是在国际收支不平衡时动用的，且往往是为了对冲私人部门的国际贸易出现的缺口或差额，故称为结算或平衡项目
误差与遗漏项目	由于统计技术方面的差错或资料不全等原因，会造成国际收支某些项目的不平衡，为此设立误差与遗漏项目，对这些不平衡的项目人为地加以调整，使之符合会计簿中的“有借必有贷，借贷必相等”的编表原则

二、国际收支状况及其调节

（一）国际收支平衡的差额

国际收支平衡表当中有四个差额：一是贸易进出口收支差额，等于商品出口额减去进口额；二是商品、服务和收益差额，等于商品交易差额加服务收支差额和收益差额；三是经常项目差额，等于商品、服务和收益差额加单方面转移收支差额；四是基本国际收支差额，等于经常项目差额加长期资本移动差额。

国际收支平衡表中，除了误差与遗漏项目之外，其余所有的项目都代表着实际交易活动。按照交易主体和交易目的，这些实际发生的国际交易活动可以分为两种不同的类型。

（1）自主性交易。主要是指各类微观主体（如进出口商、金融机构或个人）出于自身特殊的目的（如追求利润、转移风险、资产保值等）而进行的交易活动，这种交易体现的是微观主体个体的利益，具有自发性和分散性的特点。

（2）调节性交易。是指政府有关部门出于调节国际收支差额，维持汇率稳定，维持资本流入流出之间的均衡而进行的交易，也称为弥补性交易。这类交易活动由政府出面实现，体现了一国政府的意志，具有集中性和被动性的特点。

综上所述，调节性交易是在自主性交易出现缺口或差额时，由货币当局被动进行的一种事后弥补性对等交易，是为了弥补自主性交易不平衡而进行的一种交易。由此可见，衡量一国国际收支平衡与否，就是要观察其自主性交易是否达到平衡。为此，基本国际收支差额往往被视为判断一国国际收支是否平衡的重要标志，基本国际收支差额越大，国际收支失衡程度越大。

（二）国际收支失衡的原因

1. 经济周期的因素
2. 经济结构的因素
3. 国民收入的因素
4. 汇率波动的因素

（三）国际收支失衡对经济的影响（表 9-6）

表 9-6　国际收支失衡对经济的影响

要　点	内　容
持续逆差对经济的影响	①导致外汇储备大量流失。储备的流失意味着该国金融实力甚至整个国力的下降 ②导致该国外汇短缺，造成外汇汇率上升，本币汇率下跌。一旦本币汇率过度下跌，会削弱本币在国际上的地位，导致该国货币信用度下降，国际资本大量外逃，引发货币危机 ③持续性逆差还可能使该国陷入债务危机
持续顺差对经济的影响	①持续顺差会破坏国内总需求与总供给的均衡，使总需求大于总供给，冲击经济的协调发展 ②持续顺差在外汇市场上表现为有大量的外汇供应，这就增加了外汇对本国货币的需求，导致外汇汇率下跌，本币汇率上升，提高了以外币表示的出口产品的价格，降低了以本币表示的进口产品的价格。在国际竞争产品的市场上，本国产品与劳务所占市场份额会下降，出口企业的利润会下降 ③一国国际收支持续顺差，意味着对方国家持续逆差，由此容易引起国际经济争端，不利于发展对等经贸关系

（四）国际收支失衡的调节（表 9-7）

表 9-7　国际收支失衡的调节

要　点	内　容
自动调节机制	国际收支自动调节机制指市场经济各种因素与国际收支相互制约和相互作用的过程 当一国的国际收支失衡之后，会引起黄金在国际之间流动，外汇市场上供求关系发生变化，本币和外币之间汇率发生变化，进而引起商品进出口数量发生变化、资本的输入输出发生变化，从而使失衡的国际收支重新回到均衡的水平上来。但自动调节机制发挥作用需要有很多严格的前提条件，而且调节的过程也十分漫长，因此自动调节机制有很大的局限性
人为调节机制	①财政政策。当一国出现国际收支顺差时，政府可以通过扩张性财政政策促使国际收支平衡 ②货币政策。具体方式可通过改变再贴现率、改变法定准备金率和进行公开市场业务来调整货币供应量 ③汇率政策。汇率政策是指一个国家通过调整汇率改变外汇的供求关系，由此影响进出口商品的价格和资本流出流入的实际收益，进而达到调节国际收支失衡的一种政策 ④资金融通政策。资金融通政策是指一国通过动用官方储备和使用国际信贷便利而调节国际收支失衡的一种政策。主要用于解决临时性的国际收支失衡 ⑤直接管制政策。直接管制政策指一国对国际经济交易直接采用严格的行政管制，主要包括外汇管制和贸易管制

三、国际储备及其作用

（一）国际储备概述（表 9-8）

表 9-8　国际储备概述

要　点	内　容
国际储备的含义	国际储备一般是指一国货币机构为平衡国际收支、维持本国货币汇率稳定，以及应付紧急需要而持有的在国际可以被普遍接受的可自由兑换资产。国际储备包括： ①外汇储备 ②黄金储备 ③特别提款权 ④在国际货币基金组织的头寸 ⑤其他债权 外汇储备在许多国家的国际储备当中占据绝对优势地位
国际储备的特点	①官方持有性。即作为国际储备的资产必须是一国货币机构直接掌握并予以使用的 ②自由兑换性。即作为国际储备的资产必须可以自由地与其他金融资产相交换，充分体现储备资产的国际性 ③充分流动性。即作为国际储备的资产必须是随时都能够动用的资产，如存放在银行里的活期外汇存款、有价证券等 ④普遍接受性。即作为国际储备的资产，必须能够为世界各国普遍认同与接受、使用
国际储备的来源	①国际收支的顺差 ②政府黄金存量 ③特别提款权的分配 ④干预外汇市场取得的外汇 ⑤国际信贷 ⑥在国际货币基金组织的头寸

（二）国际储备的作用（表 9-9）

表 9-9　国际储备的作用

要　点	内　容
弥补国际收支逆差	动用国际储备来弥补国际收支逆差。如果国际收支困难是长期的、巨额的，或根本性的，则国际储备可以起到缓冲作用
支持本国货币汇率	保持充足的国际储备特别是外汇储备对维护一国货币或区域性货币的汇率，稳定外汇和货币市场，具有重要的作用
国际信用保证	一国的国际储备状况在吸引外资过程中是资金信誉调查的重要内容，是评价一国金融风险的重要指标

四、国际储备的管理

国际储备管理是指一国政府及货币机构根据一定时期本国的国际收支状况和经济发展要求，对国际储备的规模、结构及储备资产的运用等进行计划、调整、控制，以实现储备资产的规模适度化、结构最优化、使用高效化的整个过程。

从管理内容上看，国际储备管理包括数量管理和质量管理两个方面。所谓数量管理，就是对国际收支储备规模的确定和调整；所谓质量管理，就是对国际储备结构的选择与调整。前者通常又称为国际储备的规模管理，后者又称为国际储备的结构管理。

（一）国际储备的规模管理（表 9-10）

表 9-10 国际储备的规模管理

要　点	内　容
国际储备的适度规模	维持一国经济正常运转所需要的合理的国际储备水平，称为国际储备的适度规模。储备规模的下限是保证该国最低限度进口贸易量所必需的国际储备资产数量，称为经常储备量；其上限应是可以应付该国最高经济发展速度可能出现的贸易进口量、其他国际金融支付需求以及任何偶发事件对国际储备资产需求的规模，称之为保险储备量。在上下限之间，便构成了一国适量的国际储备区间
影响储备适度规模的因素	①满足正常进口的需要 ②设立外汇平准基金的需要。这种需要通常与一国汇率制度的选择、汇率波动幅度以及金融市场开放程度有关 ③调节国际收支的需要。当一国出现国际收支逆差时，必须动用国际储备弥补逆差，这种需求与一国的经济结构、经济周期以及与该国所处的经济发展阶段有密切关系 ④应付突发事件的需要。这是指在特殊情况下，诸如战争、自然灾害、重大事件等需要的紧急国际支付，这属于对国际储备的临时需要 ⑤对国际信贷偿本付息保障的需要。这种需要在很大程度上受一国外债规模的影响，外债规模越大，所需要的国际储备规模越大

（二）国际储备的结构管理（表 9-11）

国际储备管理必须遵循流动性、安全性、盈利性的原则。在这三者之间，流动性是首要和第一位的，安全性次之，而只有前两者都得到充分保证的前提下，才能考虑盈利性。同时，这三者又都是国际储备的内在属性，三者之间有着统一性。国际储备的结构管理目标就是要通过国际储备资产的结构调整与资产转换，满足国际储备的高效运用，实现国际储备流动性、安全性、盈利性的有机统一。

从层次上看，国际储备的结构管理分为三个层次：第一层次是对国际储备的各大类资产进行比例管理，第二层次是对每一类资产进行动态管理，第三层次是对外汇储备进行经营性管理。

表 9-11　国际储备的结构管理

要　　点	内　　容
外汇储备的数量与比例控制	在外汇储备与黄金储备的比例上，发达国家通常采取稳健型管理策略，即充分运用黄金的安全性特征持有较多的黄金，因而黄金储备与外汇储备的比重大体相当；而发展中国家通常是采取进取型管理策略，倾向于更多持有外汇，以充分运用外汇储备的流动性与盈利性，因而外汇占据国际储备比重的绝对优势
外汇储备的币种结构选择	储备币种的选择，取决于以下因素： ①一国对外贸易和其他金融交易所使用的主要货币 ②一国外债及偿本付息使用的主要货币 ③各种主要储备货币在国际货币体系中的地位及未来发展趋势 ④各种储备货币汇率的走势 ⑤储备货币汇率与利率比较 ⑥一国经济发展目标的要求 综合上述各种因素，从目前储备货币的选择上看，美元依然是多数国家最主要的国际储备货币，其他的储备货币有日元、英镑、欧元等
外汇储备的期限与利率安排	对于期限和利率做出安排，实际上就是对储备资产做出投资组合决策

五、国际资本流动（表 9-12）

表 9-12　国际资本流动

要　　点	内　　容
国际资本流动的含义与类型	国际资本流动是指资本从一个国家向另一个国家的运动。具体包括国际贷款、国际投资、国际债务的增减，国际利息收支、买方信贷、卖方信贷、外汇买卖、证券的国际发行与流通等 国际资本流动按期限划分，可分为长期资本流动和短期资本流动。长期资本流动主要包括直接投资、间接投资和国际信贷，短期资本流动包括暂时性的相互借贷、存款、购买一年到期的汇票及债券等 国际资本流动按投资主体又可分为私人国际投资与政府国际投资 在当代开放的市场经济条件下，对一国经济运行影响较大的国际资本流动形式主要是国际直接投资与国际间接投资 （1）国际直接投资。国际直接投资是指资本输出国公民或其他主体取得在其他国家经济活动的管理控制权。它不仅是一种单纯的国际资本流动，而且常常伴随着机器、设备或半成品等有形资产及专利权、专有技术和管理经验等无形资产的国际转移。国际直接投资的主要形式有以下几种： ①收购外国企业的股份达到拥有实际控制权的比例 ②在国外建立新企业 ③利润再投资

（续表 9-12）

要　点	内　容
国际资本流动的含义与类型	（2）国际间接投资。国际间接投资即国际证券投资，是在国际证券市场上发行和买卖的证券所形成的国际资本。它包括一国的自然人、法人或他们的代理机构购买由其他国家的个人公民、公司、银行、政府以及一些国际金融组织发行的非控制头寸股权、债券和其他有价证券的行为。通过商业银行等金融中介形成的国际资本流动一般也称为国际间接投资 间接投资与直接投资的主要区别在于：间接投资的目的是在国际投资市场上获利，而不是企业的经营利润，投资者并不追求拥有企业的控制权
国际资本流动的一般原因	引起国际资本流动的原因很多，归结起来主要有以下几个方面： ①资本相对过剩 ②利用国际金融资源措施的普及化 ③汇率与利率的变化 ④通货膨胀 ⑤国际投机者的恶性投机
国际资本流动的经济影响	（1）对资本输入国的影响 ①积极影响。缓解本国资本不足；增加本国外汇收入，平衡国际收支；促进本国对外贸易的发展 ②消极影响。短期资本流入、流出过度容易造成本国货币金融秩序的混乱；资本流入过多会加重外债负担；对长期投资如果利用不当，还可能成为资本输出国的附庸 （2）对资本输出国的影响 ①积极影响。获得高额利润；带动本国出口贸易的发展 ②消极影响。长期过度的资本流出会导致资本输出国经济增长的停滞 （3）对国际金融市场的影响 ①积极影响。有利于充分发挥国际金融市场在世界范围内大规模迅速配置资源的功能 ②消极影响。容易诱发国际金融动荡乃至国际金融危机
国际资本流动的管理	①运用财政金融政策干预国际资本流动 ②实施外汇管制 ③颁布法令直接控制资本流动 ④根据偿债能力限制对外借贷规模

第三节　国际结算

一、国际结算概述

国际结算是为办理国家之间的货币收付、清偿国家之间的债权和债务而进行的业务活动，内容涵盖贸易往来、资本和利润转移、劳务提供及偿付、侨民汇款、私人旅行、政府外交外事活动等所有国际经济文化交往引起的国家之间的货币款项的结算。

按结算对象划分，国际结算有两种形式：国际贸易结算和国际非贸易结算。

按资金和结算工具的流向，国际结算可分为顺汇和逆汇两大类。顺汇是由付款人或债务人主动通过银行将一定金额的款项付给收款人或债权人的结算方式。因结算工具传送方向与资金流动方向相同，故称“顺汇”。逆汇是由收款人或债权人签发票据并委托银行向债务人索取款项的结算方式。因结算工具传送方向与资金流动方向相反，故称为“逆汇”。

二、汇款（表9–13）

表9–13　汇　　款

要　　点	内　　容
汇款的概念	国际结算中的汇款亦称“付汇”，是指银行接受客户的委托，通过其自身建立的通汇网络，使用相应的支付凭证，将款项交付给境外收款人的一种结算方式。其结算工具的传送方向与资金的流动方向相同，汇款属于顺汇性质，又称“付汇法”
汇款的当事人及各自的责任	汇款业务一般有四个基本当事人，即汇款人、收款人、汇出行、汇入行 ①汇款人。即委托银行汇款的单位或个人 ②汇出行。即受汇款人委托办理汇出款项的银行 ③汇入行。即受汇出行委托办理解付通知的银行 ④收款人。即收受银行汇款的单位或个人
汇款的方式	国际结算汇款分为电汇、信汇、票汇三种方式： ①电汇。简称T / T，是汇出行应汇款人的申请，以加押电报、电传等形式委托汇入行解付汇款的一种方式。其特点是交款迅速，安全方便，汇款人须支付电报费。一般是在收款人急需用款或大额汇款业务中采用 ②信汇。简称M / T，是汇出行应汇款人的申请，以信函形式委托汇入行解付汇款的一种方式。其交款时间迟于电汇，汇款人须支付邮费 ③票汇。简称D / D，是汇出行按汇款人的申请，开立以其分行或代理行为付款行的银行汇票给汇款人，由汇款人自己把汇票寄给收款人或自己携带出国，凭票到付款行领取汇款的一种方式。其特点是汇入行不需要通知收款人前来取款，而由收款人凭票领取汇款，收款人可以按照汇票的规定手续进行背书转让，流通便利

（续表 9-13）

要　　点	内　　容
风险与防范	汇款结算方式建立在商业信用基础上，对进出口双方都有一定的风险。为了减少双方风险，在国际贸易中产生了一种凭单付汇方式，进口商通过汇出行将货款转给汇入行，同时指示汇入行在出口商提交证明（发票、运单等）后，再行付款给出口商。这种方式属于“有条件汇款”，减少了进口商的风险

三、托收（表 9-14）

表 9-14　托　　收

要　　点	内　　容
托收的概念和种类	托收是债权人为向境外债务人收取销售货款或劳务价款，开具汇票委托债权人所在地的银行向债务人收款的结算方式。国际结算中的托收有以下几种主要类型： ①光票托收。光票托收是指金融票据的托收，不附有商业发票、装箱单、运输单据等商业票据 ②跟单托收。跟单托收是将汇票连同商业单据一起交银行委托代收款项的结算方式。在国际贸易中，跟单托收常见于出口商向国外进口商收取销售货款或劳务价款，将汇票、商业发票、运输单据、保险单等交给银行委托代收 ③直接托收。直接托收是指出口商（或委托方）从银行获取托收表格作为托收指示的基础，由出口商将其直接寄给进口商的托收方式
跟单托收的交单方式	按委托人交单条件的不同，跟单托收可以分为付款交单和承兑交单两种 ①付款交单（简称 D / P）。即出口商发货后，取得货运单据，连同汇票和其他商业票据交托收行，并指示必须在付款人（进口商）付清货款后，代收行才能将代表货权的货运单据交给付款人 ②承兑交单（简称 D / A）。承兑交单是受委托的代收行于付款人承兑汇票后，将货运单据交给付款人，付款人在汇票到期日履行付款义务的方式
托收当事人及其责任	托收业务有关当事人一般有五个，即委托人（出票人）、托收行、代收行、付款人（受票人）、提示行 ①委托人。在托收业务中，开出汇票委托银行向国外付款方收款的人是委托人 ②托收行。托收行是接受委托人的委托，转托国外银行代为收款的银行 ③代收行。代收行是指接受托收行的委托，代向付款方收款的银行 ④提示行。提示行是要求付款人按托收指示中的交单条件付款或承兑赎单的银行 ⑤付款人（受票人）。付款人是依照托收指示而受提示的当事人

（续表 9-14）

要　　点	内　　容
托收业务的风险与防范	托收业务会遇到买方和卖方风险、国家风险及外汇管理等风险。托收业务中进出口商遇到的风险主要有： （1）出口商的风险 ①进口商破产或无力付款 ②进口商资信不好，找借口压价或不付款 ③货发后，进口商未事先申领到进口许可证，货物到达目的地时被禁止进口或被没收 ④进口商利用当地法令、商业习惯、惯例蓄意解脱付款责任 （2）进口商的风险 进口商接到单据后，审查单据表面合格，就要按照交单条件付款或做承兑手续，取得提货单据，如果提货时发现货物有问题就会造成损失 （3）防范托收风险的主要措施 ①做好商人的资信及市场行情的调查 ②慎重使用 D / A 交单方式 ③了解贸易国的外汇管理政策及影响贸易的有关情况和政策法规 ④出口商可以通过投保出口信用险，减少由于进口商不付款或进口商国家风险产生的不能如期付款 ⑤在 D / A 交单方式时，宜采用买方银行对承兑的汇票担保方式

四、信用证（表 9-15）

表 9-15　信　用　证

要　　点	内　　容
信用证的概念和特点	信用证是开证行代买方或开证行自己开立的，保证对受益人提交的与信用证条款和条件相符的汇票或单据金额进行付款的承诺文件 信用证的特点是： ①开证行以自己的信用做出付款保证，所以开证行在受益人提交合格的单据后，负有第一付款责任 ②信用证与可能作为其依据的销售合同或其他合同是相互独立的 ③在此业务中，各有关当事人所处理的只是单据，而不是单据所涉及的货物、服务或其他行为。信用证业务是一种单据买卖业务，银行只看单据，而不管货物
信用证的作用	（1）银行的保证作用，主要表现在两个方面： ①对进口方。信用证可以保证进口方在支付货款时即可取得代表货权的单据，可以通过信用证条款来制约出口方发货的时间、货物的质量和数量，如果单据不合格还可以拒绝付款赎单 ②对出口方。信用证可以保证出口方在向银行提交符合信用证条款规定的单据就可以取得货款的权利，即使在进口国遇有外汇管制或市场等风险，也可保证收取到货款

（续表 9-15）

要　点	内　容
信用证的作用	（2）融通资金的作用。信用证可以作为一种融资工具，为进出口双方提供资金融通的便利 以上两个方面的作用，既解决了进出口双方互不信任的矛盾，又为进出口双方资金的周转提供了便利，对国际贸易的扩大和发展起到了有力的促进作用
信用证的主要当事人及其责任	一般常见的当事人有开证行、通知行、议付行、保兑行、偿付行、受益人和开证申请人 ①开证行。开证行是接受开证申请人的委托，开出信用证的银行 ②通知行。通知行是受开证行委托，将信用证转交出口方的银行 ③议付行。议付行是准备向受益人购买信用证下单据的银行，议付行可以是通知行或其他被指定的愿意议付该信用证的银行，一般是出口商所在地银行 ④保兑行。保兑行是应开证行或受益人的邀请，在信用证上加具保兑的银行 ⑤偿付行。偿付行是开证行指定对议付行或付款行进行偿付的第三国银行 ⑥受益人。受益人是信用证上被指明有权接受并使用信用证，凭此发货、交单、取得货款的出口商 ⑦开证申请人。是向开证银行申请开立信用证的人，一般是进口商
信用证的类型	根据是否附有商业单据，分为跟单信用证和光票信用证；根据开证行对信用证所负的责任，分为不可撤销信用证和可撤销信用证；根据信用证有无开证行以外的其他银行加以保证兑付，分为保兑信用证和不保兑信用证；根据受益人使用信用证的权利能否转让，分为不可转让信用证和可转让信用证；根据付款时间的不同，分为预支信用证、即期信用证、延期付款信用证、承兑信用证等 ①即期付款信用证。此种类型的信用证只要受益人在开证行指定的有效地点提交了合格的单据，即可获得偿付 ②延期付款信用证。此种信用证远期付款，不需要提交汇票，信用证条款中明确标明远期期限的起算日或到期日，在到期日由开证银行或其指定银行付款 ③议付信用证。议付信用证是出口地的银行凭信用证上开证行的邀请而买入出口商的合格单据，对出口商垫付资金，再从开证银行得到偿付的一种信用证 ④承兑信用证。此种信用证均为远期信用证，受益人应按信用证条款规定开立远期汇票，附上商业单据交开证行或其指定的银行承兑，开证行或其指定银行承兑后，待远期汇票到期日付款
信用证风险与防范	（1）进口商面临的主要风险 ①出口商交货严重违反贸易合同的要求 ②出口商伪造单据骗取货款

（续表 9-15）

要　点	内　容
信用证风险与防范	③卖方勾结承运人出具预借提单或倒签提单 （2）出口商面临的风险 ①制作单证时未满足“单单相符，单证相符”的要求遭开证行拒付 ②因软条款而导致信用证失效 ③进口商利用伪造、篡改的信用证引诱出口商发货，骗取货物 ④开证行倒闭或无力偿付信用证款项 （3）银行方面的风险 ①进口商无理拒付合格单据或因破产给银行带来风险 ②信用证打包贷款给银行带来风险 ③进出口双方合谋欺诈给银行带来风险

五、信用证风险的防范措施

（1）加强信用风险管理，重视资信调查。

（2）努力提高业务人员素质。

（3）在制单过程中，严格遵守“单单相符，单证相符”原则。

（4）开证行应认真审查开证申请人的付款能力，严格控制授信额度。

六、银行保函（表 9-16）

表 9-16　银行保函

要　点	内　容
银行保函的概念与特点	（1）银行保函的概念 银行保函是指银行应申请人或委托人的要求向受益方开出的书面付款保证承诺 （2）银行保函的特点 ①为卖方向买方提供信用担保 ②绝对付款责任 ③未发生违约，银行无须承担责任
银行保函的基本内容	银行保函的内容根据交易的不同而有所不同，但通常包括以下内容： ①基本栏目 ②责任条款 ③保证金额 ④有效期 ⑤索赔方式
保函当事人及其法律关系	银行保函业务中涉及的主要当事人有三个：委托人、受益人和担保人 ①委托人与受益人之间基于彼此签订的合同而产生的债权债务关系或其他权利义务关系。该合同相对于保函而言是主合同 ②委托人与银行之间的法律关系是基于双方签订的《保函委托书》而产生的委托担保关系 ③担保银行和受益人之间的法律关系是基于保函而产生的保证关系

第四节　国际货币体系

一、国际货币体系概述

国际货币体系是指各国政府对货币在国际范围内发挥世界货币职能所确定的原则、所做出的安排、所建立的组织形式等的总称。这个体系包括：

（1）各国货币比价的确定。包括汇率确定的原则、波动的界限、调整的幅度等。

（2）各国货币的兑换性与对国际支付所采取的措施。

（3）国际储备资产的确定以及储备资产供应的方式等。

（4）国际收支的调节方式，包括逆差国与顺差国承担的责任。

（5）国际金融事务的协调、磋商和有关的管理工作。

二、布雷顿森林体系（表 9–17）

表 9–17　布雷顿森林体系

要　点	内　容
布雷顿森林体系的主要内容	①设立永久性的国际金融机构——国际货币基金组织。其宗旨在于稳定汇率，协助成员国改善国际收支 ②建立国际储备体系。布雷顿森林体系确定了以黄金为基础，以美元为国际主要储备货币，即所谓的美元与黄金挂钩，其他国家货币与美元挂钩的原则。“双挂钩”通常被视作布需顿森林体系的两大支柱 ③实行固定汇率制。在汇率机制上，布需顿森林体系采取了固定汇率制。国际货币基金组织规定成员国的货币含金量一经确定，就不得随意变动。成员国在进行即期外汇交易及黄金买卖时，汇率和金价的波动幅度不得超过法定汇率和金价的上下各 1%，使汇率始终保持在一个较为稳定的水平上。这种体系下的固定汇率制度，就是可调整的钉住汇率制度 ④协助国际收支调节的安排。当成员国国际收支发生困难时，国际货币基金组织通过三种方式帮助成员国渡过难关：一是敦促成员国广泛协商，促进国际货币合作；二是为成员国提供融通资金的便利；三是规定各成员国实行多边支付与清算，不得限制经常项目的支付，亦不许采取歧视性的货币措施，由此创造平衡国际收支的外在条件
布雷顿森林体系的缺陷	①美元作为国际储备货币与保证美元信用不可兼得。这也就是所谓的“特里芬难题” ②美元享有特殊地位，导致美国货币政策对各国经济产生重要影响 ③汇率机制缺乏弹性，导致国际收支调节机制失灵

三、牙买加体系（表 9–18）

表 9–18　牙买加体系

要　　点	内　　容
牙买加协议的主要内容	①实行浮动汇率制度的改革 ②推行黄金非货币化 ③增强特别提款权的作用 ④增加成员国基金份额 ⑤扩大信贷额度，以增加对发展中国家的融资
牙买加体系的运行	（1）储备货币多元化。在牙买加体系下，国际储备呈现多元化局面，美元虽然仍是主导的国际货币，但美元地位明显削弱了 （2）汇率安排多样化。在牙买加体系下，浮动汇率制与固定汇率制并存 （3）多种渠道调节国际收支。主要包括： ①运用国内经济政策 ②运用汇率政策 ③运用国际融资 ④加强国际协调
牙买加体系的效果	（1）牙买加体系的积极作用 ①多元化的储备结构摆脱了布雷顿森林体系下各国货币间的僵硬关系，为国际经济提供了多种清偿货币，在较大程度上解决了储备货币供不应求的矛盾 ②多样化的汇率安排适应了多样化、不同发展水平的各国经济，为维持经济发展与稳定提供了灵活性与独立性，同时有助于保持国内经济政策的连续性与稳定性 ③通过多种调节机制相互补充的办法来调节国际收支，在一定程度上缓和了布雷顿森林货币制度调节机制失灵的困难。多种渠道并行，使国际收支的调节更为有效与及时 （2）牙买加体系的缺陷 ①浮动汇率制度虽然灵活，但极不稳定，在很大程度上影响了正常的国际贸易与国际经济交往 ②在该体系下，发展中国家大多实行钉住浮动汇率制度，其汇率随发达国家的汇率变动而变动，其间，发达国家占据主动地位，而发展中国家则被动跟进，因此不可避免地会产生发达国家损害发展中国家利益的情况 ③国际收支调节机制并不健全，各种现有的渠道都有各自的局限，牙买加体系并没有消除全球性的国际收支失衡问题

四、欧洲货币体系与欧元（表 9–19）

表 9–19　欧洲货币体系与欧元

要　点	内　容
欧洲货币一体化的概念及表现	欧洲货币一体化，是指欧洲经济共同体各成员国在货币金融领域进行合作，协调货币金融关系，最终建立一个统一的货币体系，其实质是这些国家集团为了货币金融领域的多方面合作而组成的货币联盟。这种货币一体化有三个典型表现： ①汇率的统一。即货币联盟成员国之间实行固定汇率制，对外则实行统一的浮动汇率 ②货币的统一。即货币联盟发行单一的共同货币 ③机构的统一。即建立统一的中央货币机关，发行共同的货币，规定有关货币联盟的国家以及保管各成员国的国际储备
欧元启动对国际货币体系的影响	①欧元的启动使国际储备体系结构发生变化。欧元在国际储备体系中的地位大幅度提高 ②欧洲统一货币将对浮动汇率制度产生重大影响。欧洲统一货币的实施，其本质实际上是固定汇率制的回归，必将对浮动汇率制产生强烈的冲击 ③欧元的产生将会削弱美元的地位。这将改变长期以来美元占主导地位的不平衡的国际货币体系，有助于国际货币体系走向均衡

虽然欧元在目前的运行过程中还存在一些问题，特别是货币政策与财政政策的分离造成的缺陷尚未彻底找到解决途径，但欧元的出现毕竟是人类历史上首次出现的可用于非官方结算的跨国界信用货币。它的诞生及发展，将为未来统一世界货币的创造提供宝贵的经验，也将为其他区域性经济合作组织货币一体化起到示范作用。

参考文献

[1] 人力资源社会保障部人事考试中心 . 金融专业知识与实务（初级）[M]. 北京：中国人事出版社，中国劳动社会保障出版社，2014.

[2] 樊纪明，刘双红 . 金融理论与实务 [M]. 2 版 . 上海：复旦大学出版社，2011.

[3] 兹维•博迪，罗伯特•C•默顿，戴维•L•克利顿 . 金融学 [M]. 曹辉，曹音，译 . 2 版 . 北京：中国人民大学出版社，2013.

[4] 王福重 . 金融的解释 [M]. 北京：中信出版社，2014.

[5] 弗雷德里克•S•米什金 . 货币金融学 [M]. 郑艳文，荆国勇，译 . 9 版 . 北京：中国人民大学出版社，2011.